平安時代と藤原氏一族の謎99

渡邊大門 監修
かみゆ歴史編集部 編

イースト新書Q
Q092

はじめに

平安時代は天皇や公家が活躍した時代であり、鎌倉時代以降の武士の時代とは様相が異なっていた。とはいえ、豊かで興味深い時代だったのは事実である。

平安時代になると、藤原氏は他氏の排斥や内部での権力闘争を経て、朝廷内で大きな権力を保持した。その権力の源泉は、天皇を補佐する摂政と関白という職務にあった。藤原氏は娘を天皇の后とし、新天皇の外祖父となることで、権勢を振るった。以降、藤原氏は院政時代を迎えるまで、公家社会の頂点に君臨し続けたのである。

一方で、いかに藤原氏が活躍したとはいえ、平安時代にはほかにも注目すべきトピックスは多々ある。本書では、5章にわたり平安時代の重要なテーマを取り上げる。

1章は中臣鎌足から始まる、藤原氏の歴史を取り上げた。藤原氏はいかにして権力を構築したのか、藤原氏が関係した事件のほか、関連する多くの話題を掲げて、院政時代に至るまでを取り上げた。

2章では、紫式部の生涯と『源氏物語』をテーマにした。『源氏物語』は日本文学史上の最高傑作であるが、成立や内容をめぐっては謎も多い。それは紫式部の生涯も同じであるが、最新研究をもとに解き明かした。

3章は、平安京遷都以降の政治、経済、社会にわたる、さまざまな話題を取り上げた。後半部分では、武士の時代の到来を取り上げたので、公家社会からの変化が読み取れるはずである。

4章は、公家社会の生活文化である。身分、生活、衣食住、習慣など多岐にわたる。生活文化は地味なテーマかもしれないが、政治史だけでは片手落ちである。公家の日常生活の理解は、この時代を知るうえで重要である。

5章は、宗教文化である。平安時代の人々は、仏教のほか、神道、陰陽道などを信じており、怨霊などを恐れていた。人々の精神世界を理解することも大切である。

本書は各章が独立しており、またワンテーマの分量が短いので、どこから読んでいただいても結構である。本書を通して、広く藤原氏と平安時代を理解いただけると幸いである。

渡邊大門

目次

1章 日本史の主役となった藤原氏とは

2章 紫式部の生涯と人間関係の謎

3章 遷都から始まる平安時代の謎

4章 知られざる平安貴族の暮らしとは

5章　平安時代の信仰とは

飛鳥時代後期から平安時代　略年表

時代	元号（西暦）	藤原氏関連の出来事	全国の出来事
飛鳥時代	大化元年（645）	中臣鎌足らが蘇我入鹿を誅殺（乙巳の変）	大化改新が始まる
	663年		白村江の戦いで大敗する
	669年	鎌足が死去。大織冠、内大臣、藤原姓を賜る	
	672年		壬申の乱
	694年		藤原京に遷都
	698年	不比等の子孫のみを藤原朝臣とする	
奈良時代	大宝元年（701）	藤原不比等らにより大宝律令が完成する	
	和銅3年（708）		平城京に遷都
	神亀6／天平元年（729）	光明子が皇后となる	長屋王の変
	天平9年（737）	藤原四子が相次いで死去	
	天平12年（740）	藤原広嗣が討たれる（藤原広嗣の乱）	恭仁京に遷都
	天平15年（743）		墾田永年私財法を制定
	天平16年（744）		難波京に遷都、紫香楽宮に遷都
	天平宝字8年（764）	恵美押勝（藤原仲麻呂）の乱	
	神護景雲3年（769）		宇佐八幡神託事件
	宝亀11年（780）		伊治呰麻呂の乱
	延暦4年（785）	藤原種継が射殺される	

平安時代

元号（西暦）	藤原氏関連の出来事	全国の出来事
延暦13年（794）		平安京に遷都する
延暦16年（797）		勘解由使が設置される
延暦25年（806）		最澄が天台宗を開く
大同5／弘仁元年（810）	藤原冬嗣が蔵人頭に就任	平城太上天皇の変（薬子の変）
弘仁5年（814）		嵯峨源氏が誕生
弘仁12年（821）	藤原冬嗣が勧学院を設置する	
弘仁14年（823）		空海が真言宗を開く
承和9年（842）		承和の変
天安2年（858）	藤原良房が事実上の摂政となる	
貞観8年（866）	藤原良房が正式に摂政に就任	伴善男が失脚（応天門の変）
貞観11年（869）	藤原良房らが『続日本後紀』を撰上する	
元慶2年（878）		元慶の乱（出羽俘囚の反乱）
元慶8年（884）	藤原基経が事実上の関白に就任	
仁和3年（887）	阿衡の紛議	
仁和5／寛平元年（889）		桓武平氏が誕生
寛平6年（894）		遣唐使の派遣中止を決定
寛平9年（897）		醍醐天皇の親政（延喜の治）
昌泰4／延喜元年（901）		菅原道真が左遷（昌泰の変）
延喜2年（902）		延喜の荘園整理令
延喜5年（905）		『古今和歌集』が撰上される

平安時代

元号（西暦）	藤原氏関連の出来事	全国の出来事
承平５年（９３５）		平将門の乱
承平８／天慶元年（９３８）		空也が都で念仏を説く
天慶２年（９３９）	藤原純友の乱が起こる	
天慶３年（９４０）	藤原秀郷らが平将門を討つ	
天暦３年（９４９）		村上天皇の親政（天暦の治）
安和２年（９６９）	藤原実頼が関白に就任（以後摂関が常置）	源高明らが失脚（安和の変）
永観３年（９８５）		源信が『往生要集』を著す
永延２年（９８８）		「尾張国郡司百姓等解文」が出される
永祚２／正暦元年（９９０）	藤原道隆が娘・定子を一条天皇の中宮にする	
正暦５年（９９４）	藤原道兼が右大臣に、伊周が内大臣に就任	
正暦６／長徳元年（９９５）	藤原道長が内覧に就任	
長保２年（１０００）	道長の娘・彰子が一条天皇の中宮となる	
長保３年（１００１）	この頃、紫式部が『源氏物語』を執筆か	
寛弘９／長和元年（１０１２）	道長の娘・妍子が三条天皇の中宮となる	
長和５年（１０１６）	藤原道長が摂政に就任	
長和６／寛仁元年（１０１７）	藤原頼通が摂政、道長が太政大臣に就任	
寛仁２年（１０１８）	道長の娘・威子が後一条天皇の中宮となる	
寛仁３年（１０１９）	藤原隆家らが刀伊を撃退する	女真人が襲来（刀伊の入寇）
万寿５／長元元年（１０２８）		平忠常の乱

平安時代		
元号（西暦）	藤原氏関連の出来事	全国の出来事
永承6年（1051）		前九年合戦
永承7年（1052）		末法思想が流行
永承8／天喜元年（1053）	藤原頼通が平等院鳳凰堂を建立	
承暦3年（1079）		延暦寺の僧徒が強訴
永保3年（1083）		後三年合戦
応徳3年（1086）		白河上皇が院政を始める
寛治6年（1092）	藤原師実が興福寺北円堂を再建する	
長治2年（1105）	藤原清衡が平泉に中尊寺を建立	
嘉承2年（1107）		源義親の乱
保安4年（1123）		延暦寺の僧徒が神輿を奉じて入京
久安6年（1150）	藤原頼長が氏長者となり兄・忠通と不仲になる	
久寿3／保元元年（1156）	藤原頼長が敗死する	保元の乱が起こる
保元4／平治元年（1159）	信西（藤原通憲）が敗死、信頼が処刑される	平治の乱が起こる
仁安2年（1167）		平清盛が太政大臣に就任（平氏全盛）
治承4年（1180）		治承・寿永の内乱が始まる
寿永2年（1183）		平氏が西国に逃れる
元暦2／文治元年（1185）		平氏が滅亡する
文治2年（1186）	九条兼実が摂政に就任	
文治5年（1189）	奥州藤原氏が源頼朝に滅ぼされる	

藤原氏略系図

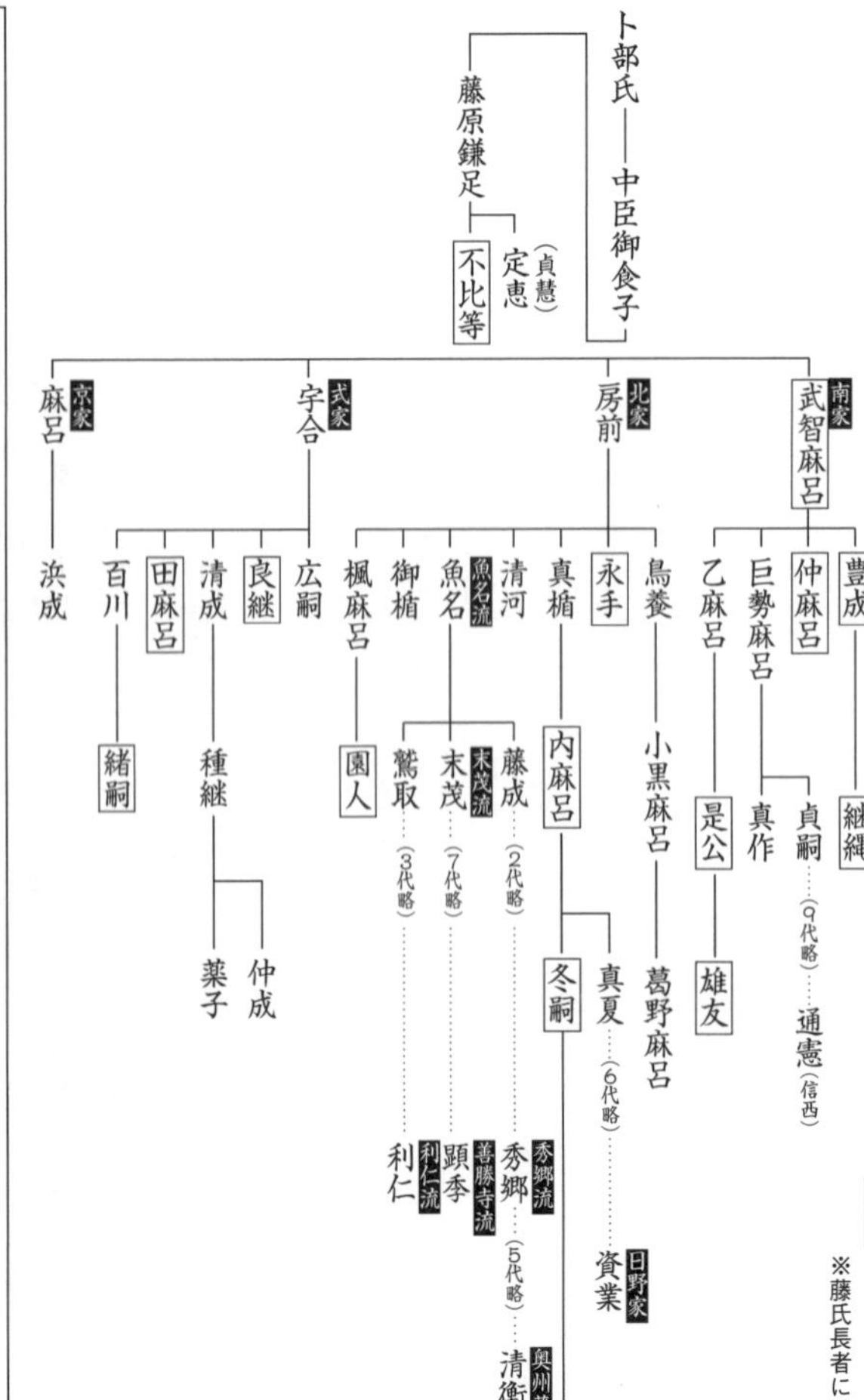

凡例
氏上(藤氏長者)
※藤氏長者には諸説ある

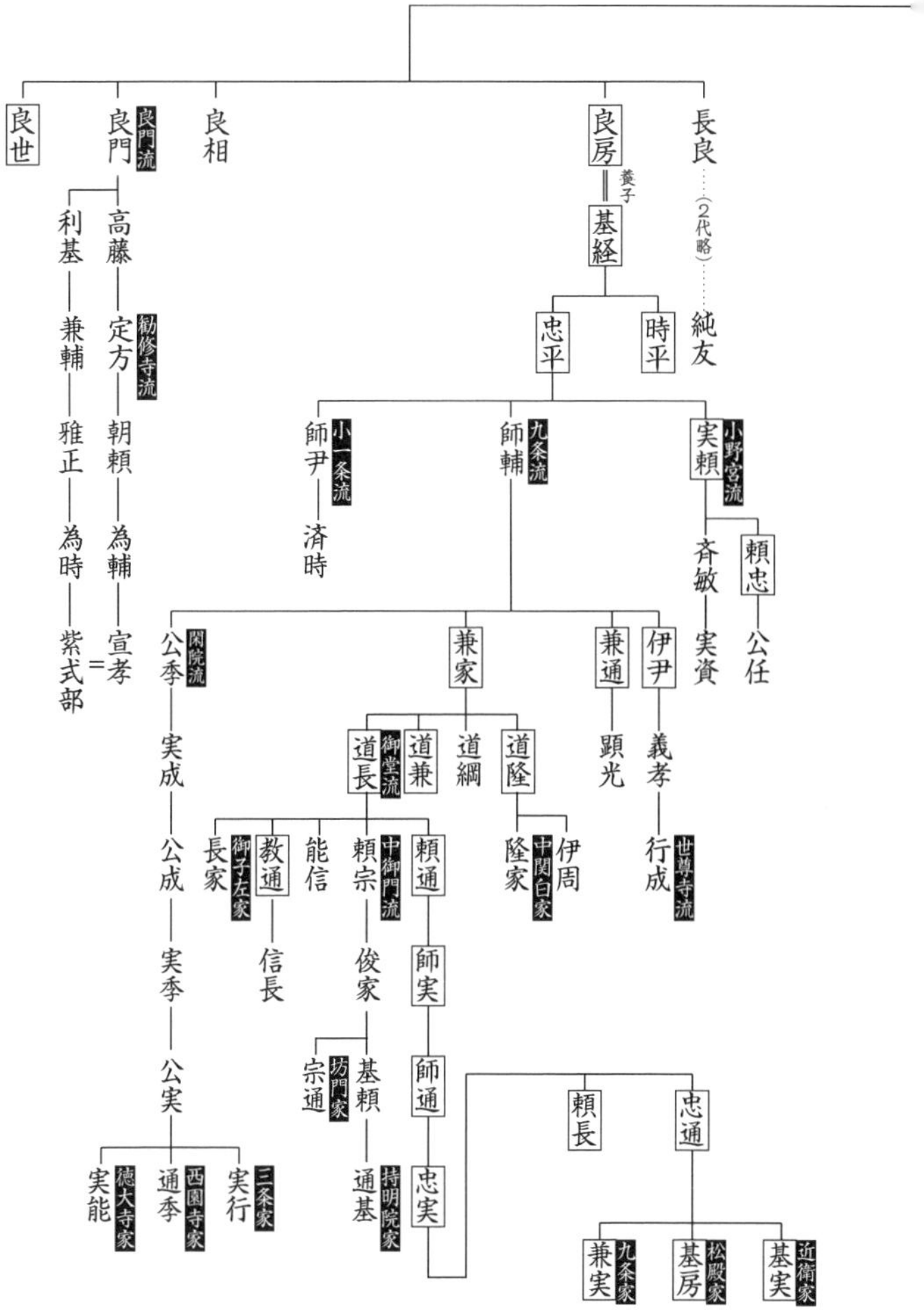

『藤原氏 権力中枢の一族』（中公新書）、
『図説 藤原氏』（戎光祥出版）所収の図などを参考に作成

天皇略系図

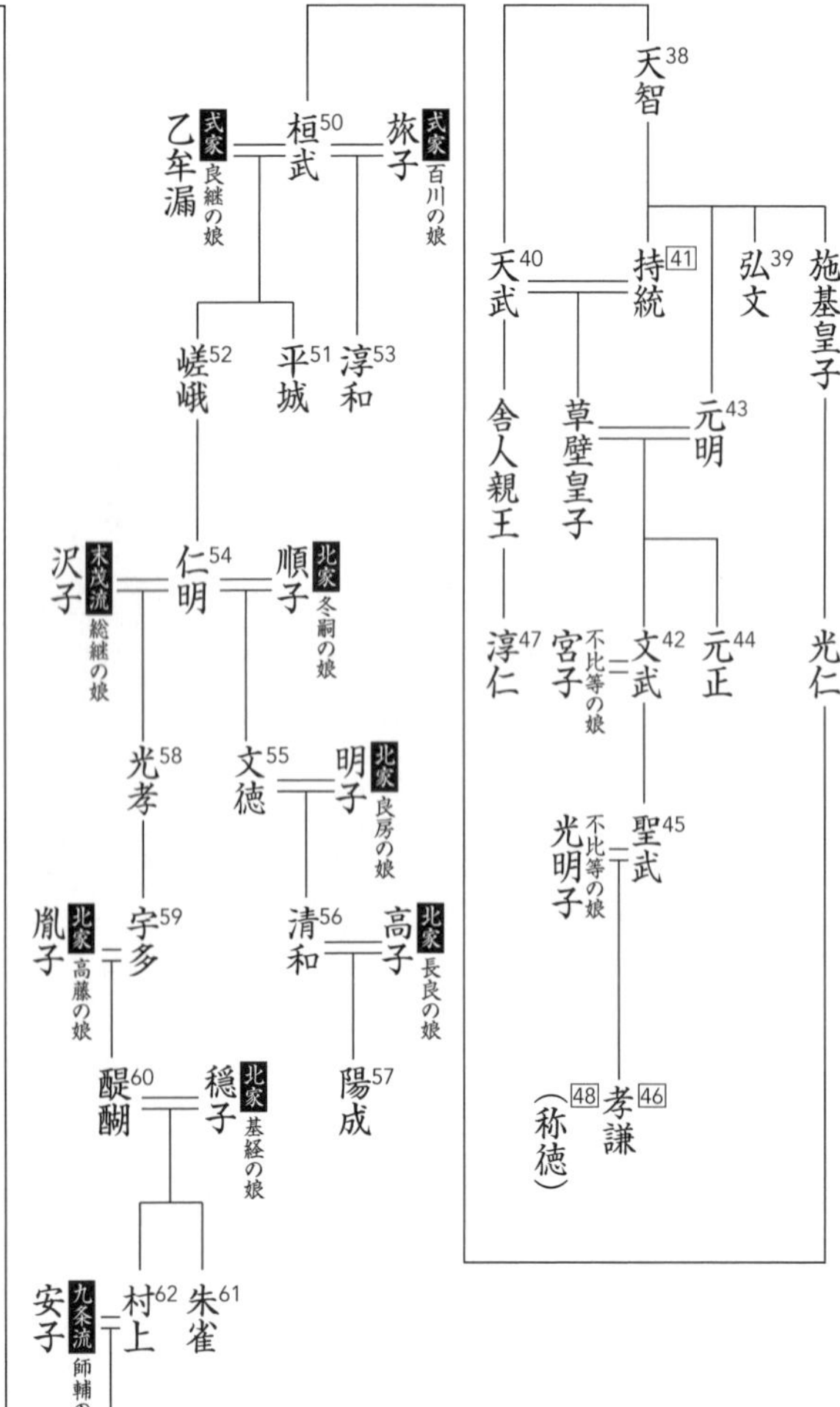

代数は「皇統譜」にもとづく即位順。数は女性天皇を示す
持統天皇、草壁皇子以外の天皇の配偶者は、
天皇の母となった藤原氏出身の女性

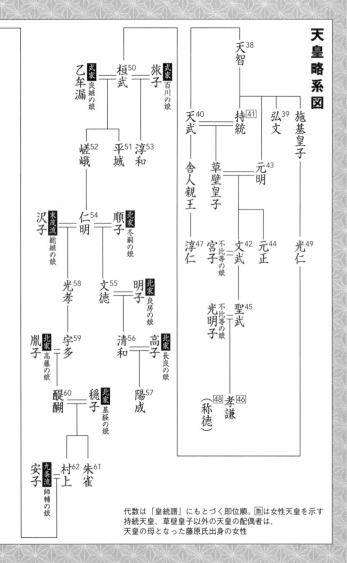

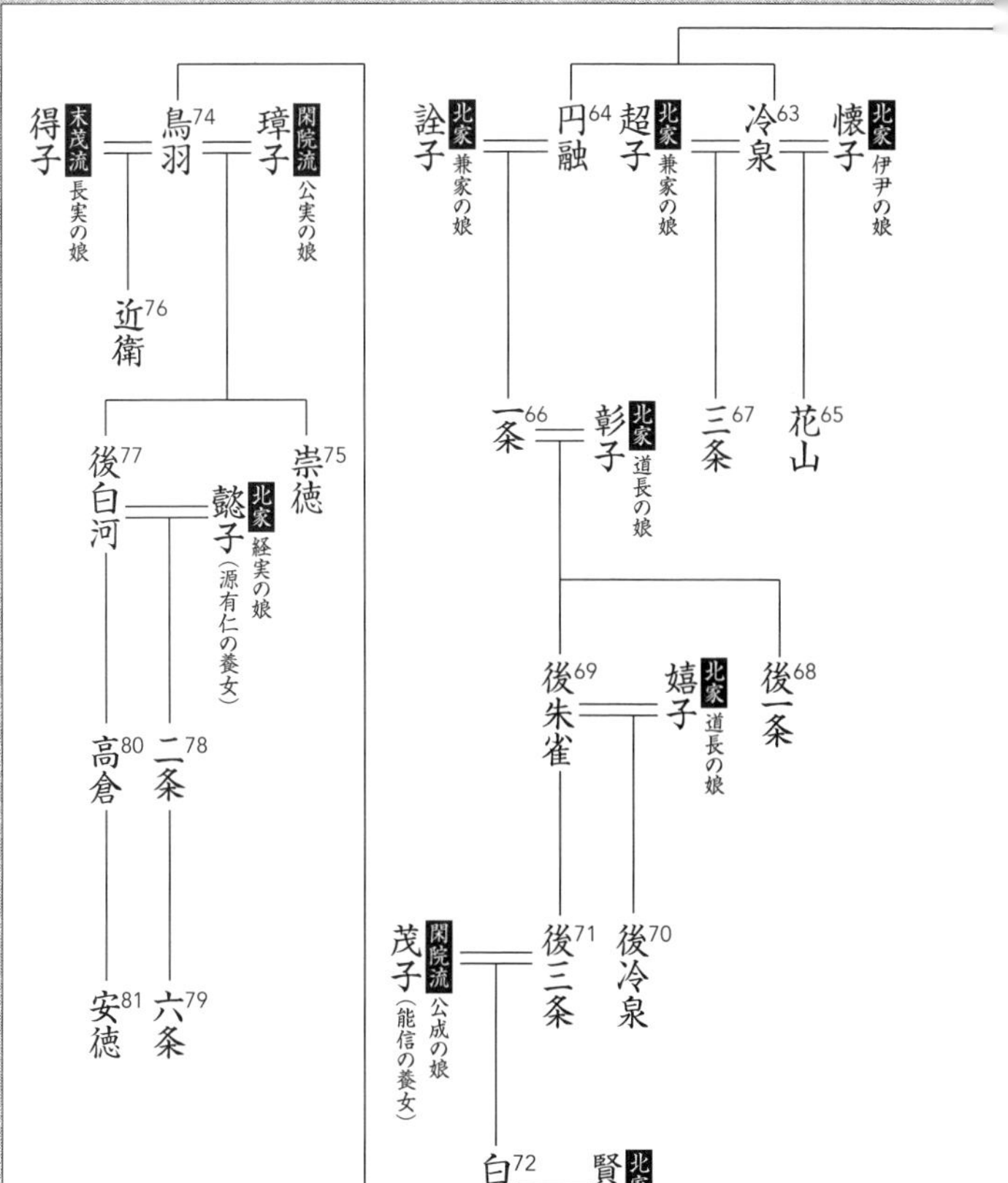
懐子
北家
伊尹の娘
冷泉63
超子
北家
兼家の娘
円融64
詮子
北家
兼家の娘
花山65
三条67
一条66
彰子
北家
道長の娘
後一条68
嬉子
北家
道長の娘
後朱雀69
後冷泉70
後三条71
茂子
閑院流
公成の娘
（能信の養女）
白河72
賢子
北家
師実の養女
（源顕房の娘）
堀河73
苡子
閑院流
実季の娘
璋子
閑院流
公実の娘
鳥羽74
得子
末茂流
長実の娘
近衛76
崇徳75
懿子
北家
経実の娘
（源有仁の養女）
後白河77
二条78
高倉80
六条79
安徳81

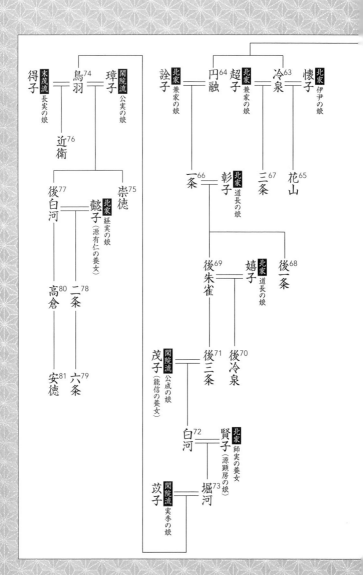

平安京略図

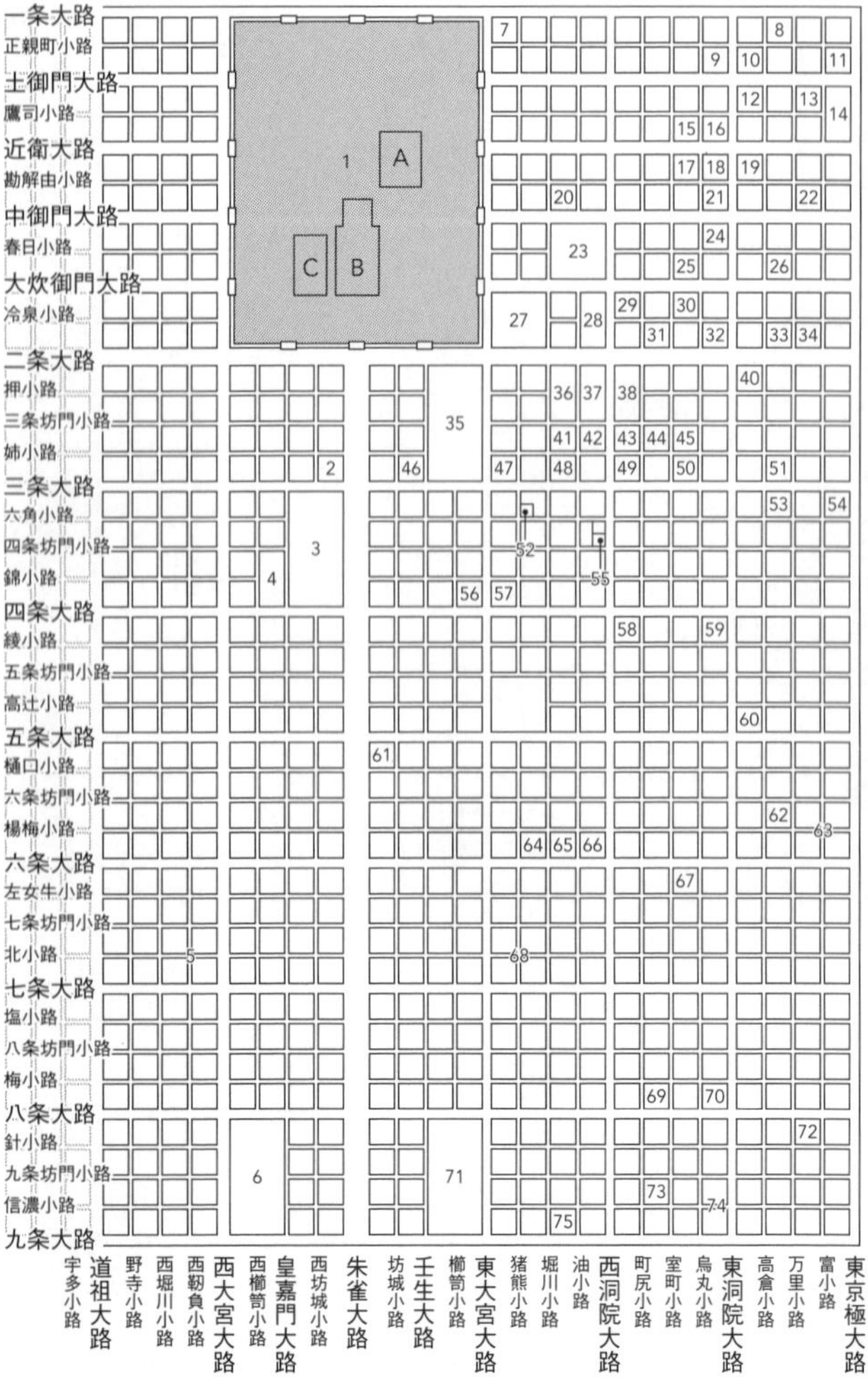
一条大路
正親町小路
土御門大路
鷹司小路
近衛大路
勘解由小路
中御門大路
春日小路
大炊御門大路
冷泉小路
二条大路
押小路
三条坊門小路
姉小路
三条大路
六角小路
四条坊門小路
錦小路
四条大路
綾小路
五条坊門小路
高辻小路
五条大路
樋口小路
六条坊門小路
楊梅小路
六条大路
左女牛小路
七条坊門小路
北小路
七条大路
塩小路
八条坊門小路
梅小路
八条大路
針小路
九条坊門小路
信濃小路
九条大路
宇多小路
道祖大路
野寺小路
西堀川小路
西靭負小路
西大宮大路
西櫛笥小路
皇嘉門大路
西坊城小路
朱雀大路
坊城小路
壬生大路
櫛笥小路
東大宮大路
猪熊小路
堀川小路
油小路
西洞院大路
町尻小路
室町小路
烏丸小路
東洞院大路
高倉小路
万里小路
富小路
東京極大路
A
B
C
1
2
3
4
5
6
7
8
9
10
11
12
13
14
15
16
17
18
19
20
21
22
23
24
25
26
27
28
29
30
31
32
33
34
35
36
37
38
40
41
42
43
44
45
46
47
48
49
50
51
52
53
54
55
56
57
58
59
60
61
62
63
64
65
66
67
68
69
70
71
72
73
74
75

1 大内裏

A 内裏
B 朝堂院
C 豊楽院

【右京】
2 西三条第（良相）
3 朱雀院
4 西宮（源高明）
5 西市
6 西寺

【左京】
7 一条院（師輔→伊尹・為光→詮子）
8 一条第（道長）
9 正親町第（季実）
10 土御門亭（勲子）
11 染殿（良房→基経→忠平→師輔）
12 高倉殿（道長→頼通→基実）
13 鷹司殿（源倫子）
14 土御門殿（道長→彰子）
15 近衛殿（忠通→基実→基通→家実）
16 枇杷殿（基経→仲平→道長→妍子）
17 勘解由小路烏丸第（忠通）
18 小一条院（冬嗣→良房→敦明親王）
19 花山院（良房→忠平→師輔→花山上皇）
20 本院（時平）
21 （家成→成親）
22 中御門北亭（宗忠）
23 高陽院（頼通→師実）
24 松殿（基房）
25 大炊御門第（隆家→実資→基家・信隆）
26 大炊御門高倉亭（頼長）
27 冷泉院
28 陽成院
29 大炊殿（師実→忠通）
30 小野宮（実頼→実資）
31 町尻殿（道兼→家実）
32 小二条殿（実資→道長→威子）
33 二条高倉第（通季）
34 二条富小路殿（璋子）
35 神泉苑
36 堀河院（基経→兼通→顕光）
37 閑院（冬嗣→基経→公季）
38 東三条院（忠平→兼家→道長）
39 二条第（道隆・伊周）
40 小二条殿（高子→師尹→教通）
41 蚊松殿（源師房→師実）
42 姉小路西洞院第（通憲）
43 高松殿（源高明→顕季）
44 鴨院（師実→忠実）
45 二条殿（道家→良実）
46 勧学院
47 三条大宮宅（信長→基隆）
48 三条第（行成）
49 三条殿（頼忠→顕隆）
50 二条烏丸第（実行→顕頼）
51 三条万里小路第（公教）
52 桟敷殿（家成）
53 （実行→公教）
54 三条京極第（家保）
55 四条坊門宅（実季）
56 （家成・隆季）
57 錦小路大宮第（基房）
58 四条宮（頼忠→公任→頼通）
59 西五条第（忠平）
60 五条高倉宅（顕隆→実長）
61 五条坊城亭（家成）
62 六条殿（師実→師通）
63 河原院（源融）
64 猪熊殿（基通）
65 堀川館（河内源氏）
66 六条殿（後白河法皇）
67 六条第（顕季→実行）
68 東市
69 八条町尻第（顕隆→顕能）
70 八条院（顕季→長実→暲子）
71 東寺
72 九条第（忠通→兼実）
73 九条殿（基経→師輔→能長）
74 九条亭（信長）
75 九条第（宗通→伊通）

『藤原氏 権力中枢の一族』（中公新書）所収の図などをもとに作成

平安宮内裏図

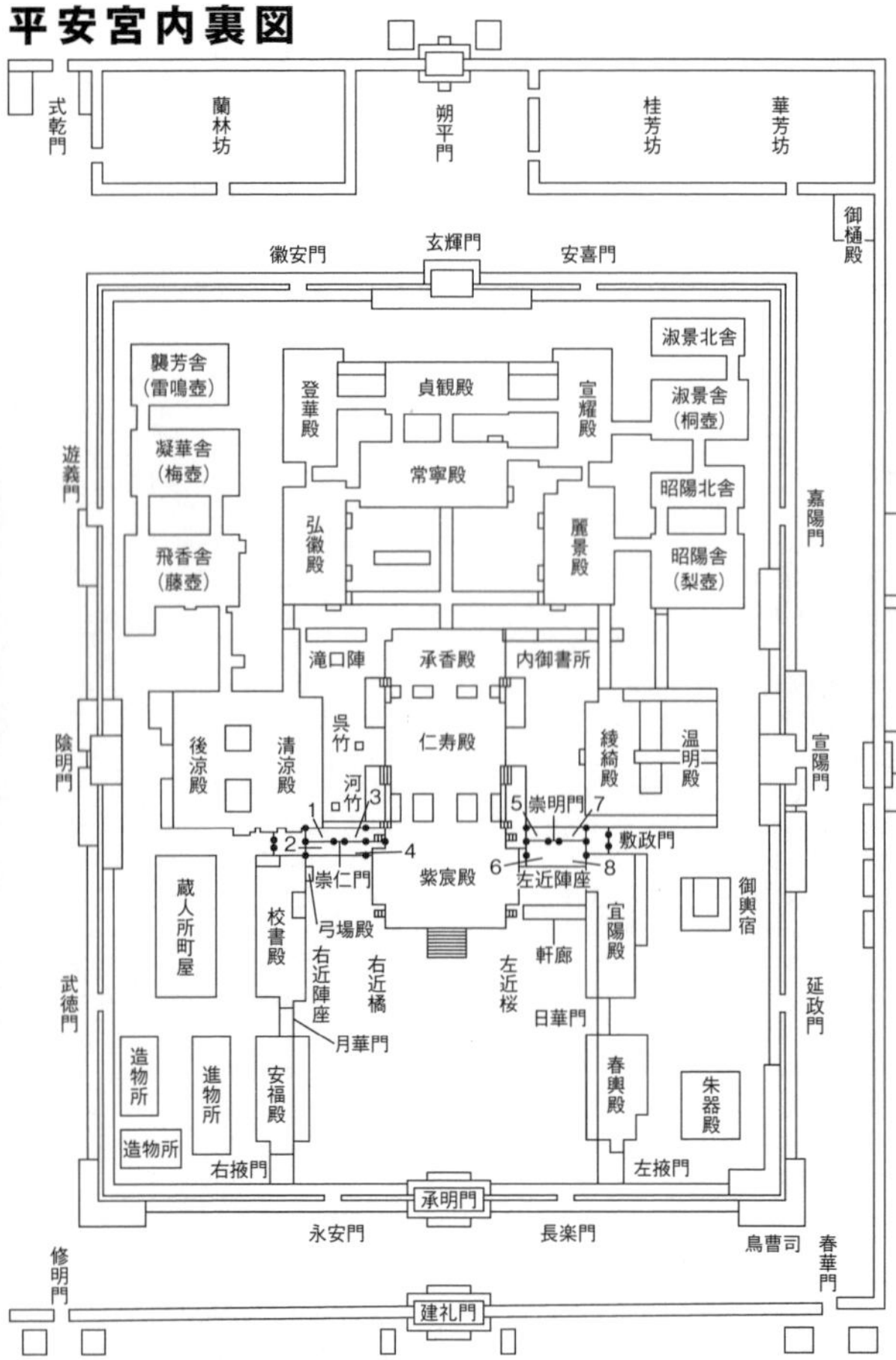

1 右青瑣門
2 無名門
3 仙華門
4 明義門
5 恭礼門
6 内衛門
7 左青瑣門
8 宣仁門

『日本史必携』(吉川弘文館) 所収の図をもとに作成

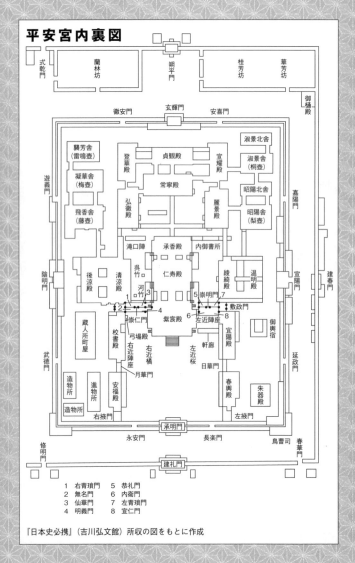

1章

日本史の主役となった藤原氏とは

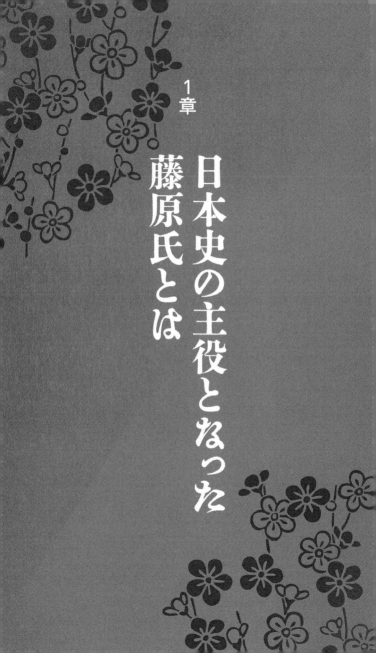

Q1 日本史に**絶大な影響**を与えた**藤原氏**とはどんな一族なのか？

藤原氏は、669年に中臣連鎌足《なかとみのむらじかまたり》が「藤原」姓を下賜されたことに始まった。その際、大織冠《たいしょかん》と内大臣の位も同時に授けられた。698年、詔《みことのり》によって、不比等《ふひと》（鎌足の次男）の直系だけが藤原姓を名乗ることを許された。ほかの中臣氏が藤原姓を名乗るようになったので、見分けがつかなくなったからである。

不比等の代に至って、娘の光明子《こうみょうし》（光明皇后）が聖武天皇の后として迎えられ、人臣皇后の先例を築いた。やがて、不比等の長男の武智麻呂《むちまろ》が南家《なんけ》、次男の房前《ふささき》が北家《ほっけ》、三男の宇合《うまかい》（馬養）が式家《しきけ》、四男の麻呂が京家《きょうけ》を開き、それぞれが藤原四家の始祖となった。しかし、天平宝字《てんぴょうほうじ》8年（764）に南家の仲麻呂が乱を起こして失脚（恵美押勝《えみのおしかつ》の乱）。式家が代わりに台頭したが、大同《だいどう》5年（810）の平城太上《へいぜいだいじょう》天皇の変（薬子《くすこ》の変）で家が絶えた。京家も麻呂の没後は子孫が衰退し、北家だけが権勢を振るうようになったのである。

北家の冬嗣《ふゆつぐ》は嵯峨天皇の信頼が厚く、初代の蔵人頭《くろうどのとう》に就任し、のちに左大臣まで昇進した。仁明《にんみょう》天皇の后だった娘の順子《じゅんし》は、文徳《もんとく》天皇を産んだ。さらに、良房《よしふさ》（冬嗣の子）は文徳天皇の后に娘の明子《めいし》を立て、太政大臣、摂政などを歴任すると、外戚として大いに権勢を振るった。基経《もとつね》（良房の養子）も摂政を務め、のちに初の関白に就任したのである。

藤原氏の主流だった北家は摂関政治を行うことで、いっそう権勢を極め、道長、頼通の代に至って最盛期を迎えたのである。藤原氏が台頭した理由は、まず蔭位《おんい》の制という、高い地位にある公家の子弟を優遇する制度にあった。藤原氏の子弟は初めて出仕する際、一般の官人より高い官職で処遇された。また、各地に散在する荘園は、藤原氏の経済基盤となったのである。

しかし、平安末期の保元《ほうげん》の乱、平治《へいじ》の乱で武士の世が到来すると、藤原氏内部の対立によって弱体化が進んだ。やがて、藤原氏は近衛家、九条家、二条家、一条家、鷹司《たかつかさ》家に分かれ、ここに五摂家が誕生したのである。以後、摂政・関白は例外（豊臣秀吉・秀次）を除き、五摂家の中から選出することになった。なお、藤原氏は北家の子孫だけでなく、それ以外の藤原氏も居住地を名字とし、公家社会の中で重要な役割を果たした。

明治以降、五摂家は最高位の公爵に任じられ、そのほかの公家の藤原氏も華族として処遇されたのである。

Q2 大化改新で活躍した中臣氏が藤原氏となった理由とは？

中臣氏は天児屋根命《あめのこやねのみこと》を祖神とし、宮廷の神事・祭祀を担当していた。天照大神が天岩屋《あまのいわと》に籠ったとき、天児屋根命が祝詞を唱え、外に導きだそうとした。天孫降臨のときには、五部神の筆頭として供奉し、宝鏡（三種の神器の一つ）を守ったという。その際、天児屋根命は、太占《ふとまに》という卜占《ぼくせん》の一種を行ったのである。なお、「中臣」の意味は、神と人を仲介するという説もあるが、「ナカ（地名）」の出身の臣という説が有力視されている。

中臣氏は有力な氏族だったが、鎌足以前の動向に関しては謎が多い。仏教に反対した中臣鎌子《かまこ》、勝海《かつみ》なる人物の名が知られているが、彼らは鎌足と血縁関係にはなかったのではないかと指摘されている。その中臣氏の中興の祖が鎌足である。鎌足が誕生したのは、614年。645年に中大兄《なかのおおえの》皇子らと蘇我蝦夷《えみし》・入鹿《いるか》父子を打倒し（乙巳《いっし》の変〈大化改新の始まり〉）、内臣《うちつおみ》として律令《りつりょう》体制の基礎を築くなど、新政府で活躍した。とはいえ、鎌足の中臣氏としての活動は不明な点が多く、近江令《りょう》（日本最古の律令法典とされる）の制定に関与したとの説は疑義が提示されている。

669年、ついに鎌足は臨終のときを迎えた。死の直前、天智天皇は鎌足の功績を讃えるべく、大織冠（冠位の最高位）を授け、内大臣に任じたという。同時に、藤原姓を授けたのである。藤原という姓は、鎌足の誕生した地（奈良県明日香村小原付近）にちなんだといわれている。

室町時代に神像として描かれた藤原鎌足。鎌足は談山神社の祭神とされている（奈良国立博物館蔵／ColBase）

その後、鎌足は多武峰《とうのみね》（奈良県桜井市）に葬られたという。だが、埋葬された地については、阿威山《あぶやま》の阿武山古墳（大阪府高槻市・茨木市）も有力視されている。

鎌足の死後、子の不比等が後継者となったのであるが、藤原氏の盤石な体制は鎌足が築いたのである。

Q3 藤原不比等はどのようにして藤原氏の権力を確立させたのか？

６５９年、藤原不比等は鎌足の次男として誕生した。６８９年、不比等が刑部省《ぎょうぶ》（裁判などを司る役所）の判事《はんじ》になったのが史料上の初見である。同年、死に臨んだ草壁《くさかべの》皇子が軽《かるの》皇子（文武天皇）の将来を託すべく、佩刀《はいとう》「黒作懸佩刀《くろづくりかけはきのたち》」を不比等に与えたという。鎌足の死後、不比等は藤原朝臣《あそん》を継承し、神事に関わる意美麻呂《おみまろ》（不比等の又従兄弟）らはもとの中臣姓に復している。

６９７年、文武天皇が即位すると、不比等の娘・宮子《みやこ》が入内《じゅだい》した。文武と宮子との間に誕生したのが首《おびとの》皇子（聖武天皇）である。霊亀《れいき》２年（７１６）、皇太子の首親王は后として、不比等・娘の安宿媛《あすかべひめ》（光明子／光明皇后）を迎えた。安宿媛を産んだのは、不比等の後妻・県犬養三千代《あがたいぬかいのみちよ》である。こうして不比等は、天皇の外祖父となった。とはいえ、聖武天皇が即位したとき、すでに不比等は没していたので、自ら権勢を振るうことはなかった。不比等は政治に積極的に関わることで、藤原氏の権勢を高めることに成功したのである。

藤原不比等略系図

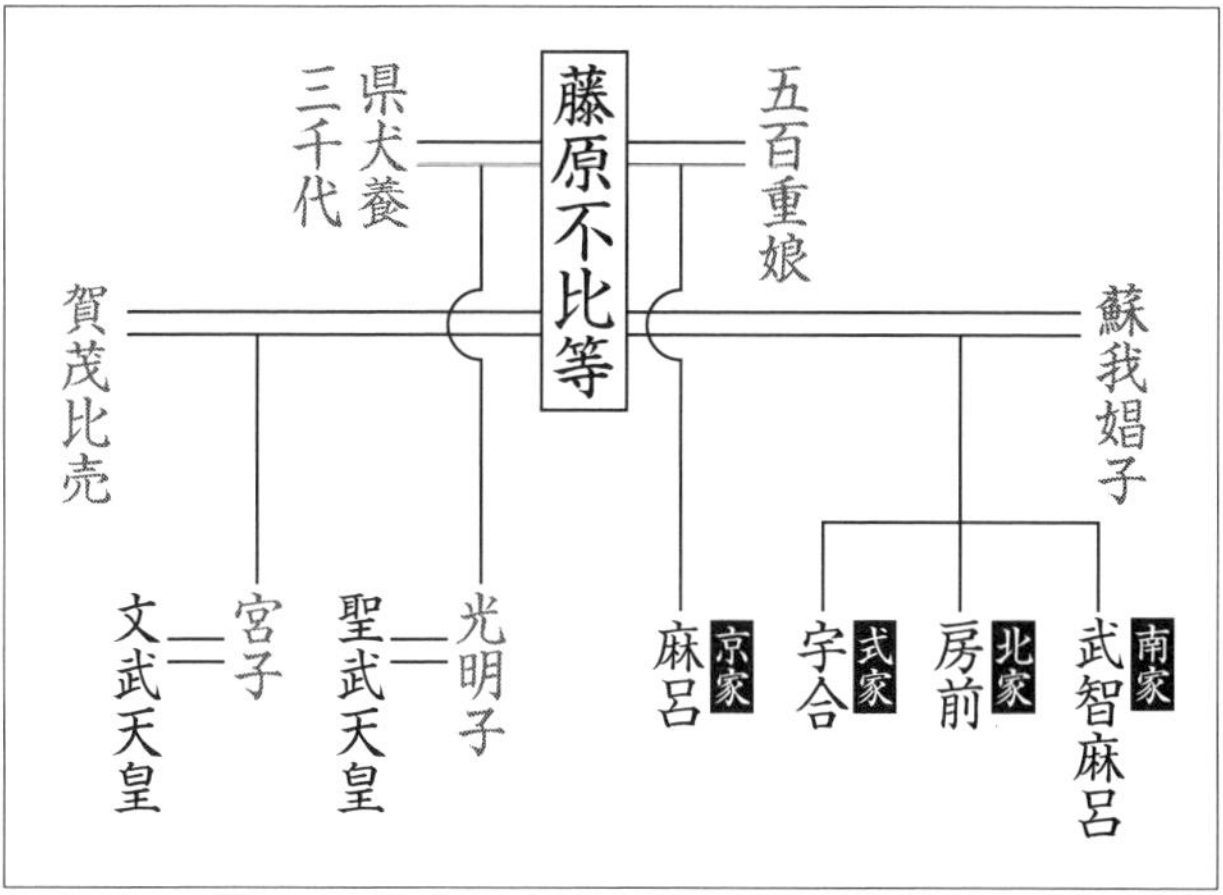

大宝《たいほう》元年（701）、不比等は「大宝律令」の制定に尽力した。律は刑法、令は行政法である。しかし、残念ながら本文は伝わっていない。その17年後、不比等は「大宝律令」を改訂し、「養老《ようろう》律令」の制定に関与した（制定は不比等の死後）。律令はわが国の支配の根幹となる法令なので、不比等の功績は大きいといわざるを得ない。

養老4年（720）、不比等は亡くなり、正一位・太政大臣を追贈された。不比等には、武智麻呂・房前・宇合・麻呂の四人の子がおり、のちに南家、北家、式家、京家の四つの家を興した。

こうして藤原氏は、以後も発展を続けたのである。

Q4

皇族以外から初めて皇后となった光明子の活躍が藤原氏を躍進させた？

光明子が藤原不比等と県犬養三千代の娘として誕生したのは、大宝元年（701）のことである。名は安宿媛。光り輝く美しさから、光明子と称されたという。神亀《じんき》元年（724）、首皇子が即位して聖武天皇になると、光明子が后として迎えられた。臣下の女性としては、異例ともいえる皇后だった。当時、皇后は政治に参画していたので、藤原氏の政治活動を後押しすることになった。

天平勝宝《しょうほう》元年（749）、娘の阿倍内親王（孝謙天皇）が即位すると、皇太后になった。その後、皇后宮職《ぐうしき》に代わり紫微《しび》中台《ちゅうだい》を置き、甥の藤原仲麻呂を長官に任命した。こうして光明皇后は、国政を実質的に掌握したのである。光明皇后の「藤三娘《とうさんじょう》」の自署、「積善藤《せきぜんとう》家《け》」の印から、藤原氏の隆盛を担う強い意識と自負があったと推測される。

光明皇后は仏教を信仰し、東大寺大仏の造営、国分寺の建立、施薬院《せやく》（薬園）・悲田院《ひでん》（孤児などの救済施設）などの福祉施設をつくった。こうした事実も忘れてはならない。

Q5 藤原氏全体の代表といえる藤氏長者とは何なのか？

そもそも氏長者《うじのちょうじゃ》とは、氏上《うじのかみ》、氏宗《うじのそう》とも称され、氏族を統率する役割を担った。橘氏、菅原氏、中臣氏などにも氏長者が存在したが、もっとも権威を持ったのが藤原氏と源氏だった。なお、源氏の場合は、足利将軍家と村上源氏が交代で氏長者を務めた。

氏長者になるのは、その氏族の中でもっとも高い官位にある者だった。その役割は、氏神の祭祀、氏社の管理、氏の大学別曹《べっそう》（寄宿施設）の管理、氏爵《うじのしゃく》の推挙などである。氏爵の推挙とは、正六位上の氏人から一人を従五位下に推挙することである。

藤氏《とうし》長者は、長者印及び朱器・台盤《だいばん》を授けられた。氏神の春日大社、氏寺の興福寺で祭祀供養を行い、藤原氏の大学別曹である勧学院《かんがくいん》を管理した。とはいえ、いつ頃から藤氏長者の制度が始まったのかについては議論がある。藤原鎌足、不比等という説もあるが、その時点では氏族の意識が乏しかったという。藤原氏の場合は、摂政・関白の地位に就いた者に対して、藤氏長者が付随したと考えるのが理解しやすい。

Q6

奈良時代に唯一天皇に対して武力反乱を起こしたのは藤原氏？

藤原仲麻呂が武智麻呂の子として誕生したのは、慶雲《けいうん》3年（706）のことである。算術に優れ、聰明かつ学才に恵まれていたという。父の死後、仲麻呂は急速に昇進を遂げた。天平感宝《かんぽう》元年（749）、聖武天皇が孝謙天皇に譲位すると、仲麻呂は大納言に大出世した。それだけではなく、紫微中台の長官となり、徐々に権勢を高めたのである。紫微中台とは光明皇后の皇后宮職を拡充した組織だったので、仲麻呂は光明皇后の信任を得ることができた。聖武天皇の死後、大炊王《おおいおう》を皇太子として外戚になった。

この動きに対して、有力者だった橘諸兄《たちばなのもろえ》の子・奈良麻呂が反旗を翻そうとした。しかし、仲麻呂はこれを未然に防ぎ、奈良麻呂の関係者を厳しく処罰したのである。やがて、大炊王（淳仁《じゅんにん》天皇）が即位すると、仲麻呂は恵美押勝《えみのおしかつ》と名乗り、大保《たいほ》（右大臣）に就任した。譲位は、孝謙天皇にとって不本意なことだった。その後、仲麻呂は独裁体制を強化し、臣下としては初の大師《たいし》（太政大臣）の地位に就いた。まさしく栄耀栄華を極めたのであるが、

乙女ヶ池。恵美押勝が斬首された「勝野の鬼江」は、戦国時代に大溝城の外堀としても利用された乙女ヶ池のあたりといわれている

それは長くは続かなかった。

天平宝字4年（760）に光明皇后が亡くなると、淳仁天皇との対立が表面化した。天平宝字8年（764）、孝謙天皇は武力によって、天皇の証しである天皇御璽《ぎょじ》と駅鈴《えきれい》を奪った。仲麻呂は軍勢を集め、この動きに対抗しようとしたが、計画が事前に露見して失敗に終わる。

都を追われた仲麻呂は、越前、近江に逃れたが、三尾《みお》（滋賀県高島市）で捕縛され、一族らとともに斬首された。仲麻呂の野望は潰えたのだ。乱後、淳仁天皇が淡路に流されると、孝謙天皇が復帰し、称徳天皇と名乗ったのである。

Q7 藤原氏が権力者として君臨した摂関政治とは？

摂関政治とは、摂政・関白が天皇を補佐するなどして行った政治のことである。摂政は天皇が幼少もしくは女性の場合、関白は天皇の成長後に置くとされている。ただ、実際には明瞭な区分がなかったといわれる。摂関政治の行われた期間は、康保《こうほう》4年（９６７）に冷泉《れいぜい》天皇の関白を務めた藤原実頼《さねより》に始まり、治暦《じりやく》4年（１０６８）の後三条天皇の即位までの約１００年とされている。

摂政は、推古天皇のときの厩戸《うまやとの》皇子（聖徳太子）、斉明天皇のときの中大兄皇子など、皇族が務めた例がみられる。臣下としては、貞観《じょうがん》8年（８６６）に摂政になった藤原良房が最初である。仁和《にんな》3年（８８７）には、良房の養子の基経が初めて関白を務めた。しかし、基経の死後、子の忠平《ただひら》が摂政に就任するまで40年もの開きがあったので、常置の職ではなかったようだが、藤原実頼が関白に就任して以降、摂政・関白を置くのが決まりになった。

摂政と関白は、国政の主導的な地位を占めるようになり、藤原氏の氏長者が兼務するこ

摂関政治のしくみ

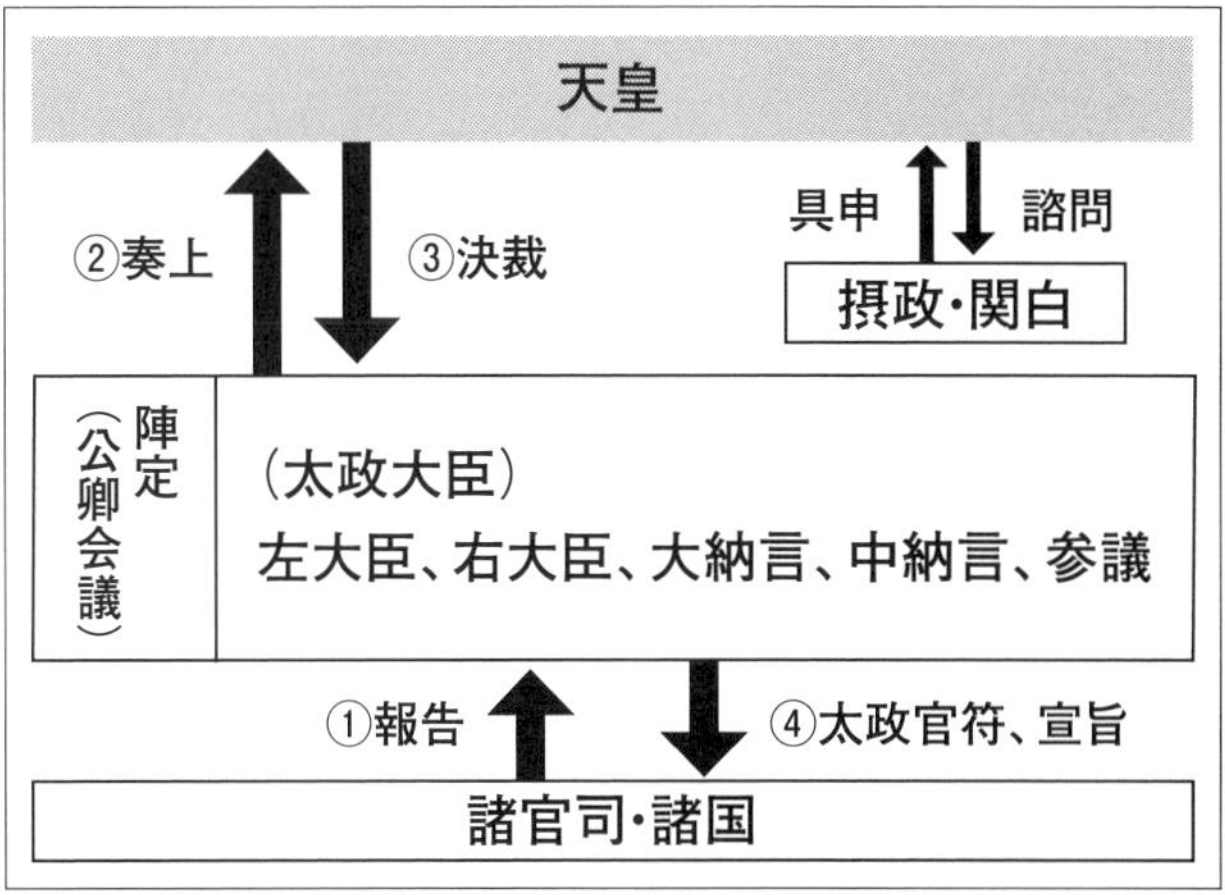

とが通例となった。そして、摂関政治を支えたのは、天皇家の外戚関係だった。藤原氏は歴代天皇の外戚として権勢を振るうようになり、その黄金期は藤原道長の時代である。また、摂関家は人事権を掌握していたので、受領《ずりょう》（国司）からの献金が財政基盤を強化したのである。

　しかし、後三条天皇が即位すると、摂関家は外戚関係になかったので、天皇をコントロールして政治に深く関与することが難しくなった。これにより、摂関家の威勢は徐々に衰え、実権を失ったのである。そして、新たに開始されたのが院政であるが、摂関家が有力な家柄であることに変わりはなかった。

Q8 ライバルを次々と蹴落として藤原氏は**権力**を固めていった？

藤原氏が権力を掌中に収めようとするためには、ほかの有力なライバルとなる諸氏を蹴落とす必要があった。以下、代表的な事件を確認しよう。承和《じょうわ》9年（842）、謀反を企てた理由で、伴健岑《とものこわみね》、橘逸勢《はやなり》らが流罪になり、無実だったにもかかわらず、恒貞《つねさだ》親王（淳和天皇の子）が皇太子の地位を追われた（承和の変）。変後、藤原良房の妹・順子と仁明天皇の子・道康《みちやす》親王（文徳天皇）が皇太子になり、良房も大納言に昇進した。

貞観《じょうがん》8年（866）、大内裏八省院の正門の応天門《おうてんもん》が炎上し、伴善男《よしお》は源信《げんしん》が放火犯であると証言した（応天門の変）。しかし、藤原良房の工作で、源信は処罰を免れ、逆に伴善男が真犯人として捕らえられた。善男は流罪となり、その一族は政界から排除された。

仁和《にんな》3年（887）、宇多天皇は藤原基経を関白に起用し、慣例で辞退した基経に「阿衡《あこう》の任をもって卿の任とせよ」との詔を与えた。詔を作成したのは橘広相《ひろみ》である。しかし、藤原佐世《すけよ》が「阿衡は中国古代の官名で実権はない」と基経に伝えたので、半年余り政務を行

藤原北家による主な他氏排斥と公卿の数

天皇	年代	事件名	没落した人物	公卿数
嵯峨	810	平城太上天皇の変（薬子の変）	・平城太上天皇、出家 ・藤原仲成（式家）、射殺 ・薬子（式家）、自害	北家4 北家以外2 他氏7 ※811年
仁明	842	承和の変	・伴健岑、配流 ・橘逸勢、配流	
清和	866	応天門の変	・伴善男、配流	北家6 他氏9
宇多	887	阿衡の紛議	・橘広相、追放	北家5 北家以外2 他氏9
醍醐	901	昌泰の変	・菅原道真、左遷	北家6 他氏8
冷泉	969	安和の変	・源高明、左遷	北家11 他氏7

わなかった。結果、宇多天皇は広相に責任を取らせ、基経と和解した（阿衡の紛議）。昌泰《しょうたい》2年（899）、菅原道真が家格を越えて右大臣に昇進すると、左大臣の藤原時平《ときひら》はライバルの出現に危機を感じた。昌泰4年（901）、時平は道真を中傷し、大宰権帥《だざいごんのそち》に左遷することで、自らの地位を保ったのである（昌泰の変）。

左大臣の源高明《たかあきら》は、娘が為平《ためひら》親王（村上天皇の子）の妃となっていた。安和《あんな》2年（969）、藤原師尹《もろただ》が高明の台頭を恐れていると、源満仲《みつなか》は高明が為平親王を擁立する陰謀があると密告した。結果、高明は流罪となり、以後は藤原氏が摂政・関白を務め、全盛期を迎えた（安和の変）。

Q9

菅原道真は藤原氏の陰謀により大宰府に左遷された？

菅原道真は、承和12年（845）に是善《これよし》の子として誕生した。菅原家は学者の家として知られ、道真も学才を認められて文章博士《もんじょうはかせ》（大学寮紀伝道の教官）に任じられた。しかし、道真は単なる学者ではなかった。仁和3年（887）に阿衡の紛議（Q8）が勃発すると、解決に尽力した功を認められ、宇多天皇の信任を得るところとなった。寛平《かんぴょう》6年（894）には遣唐使の停止を建議するなど、その名声は高まりをみせたのである。

その後も道真は数々の功績が認められ、昌泰2年（899）には右大臣に昇進した。同時に、左大臣に任じられたのが藤原時平である。ところが、菅原家は学問の家としては認められていたが、右大臣を輩出するような家柄ではなかった。それゆえ公家社会では、道真の栄達を妬む者が少なくなかった。

藤原時平は関白を務めた基経の嫡男であり、父の威光を背景にして、順調に出世を遂げていた。しかし、宇多天皇は道真を起用して、藤原氏を牽制しようとしたので、時平は強

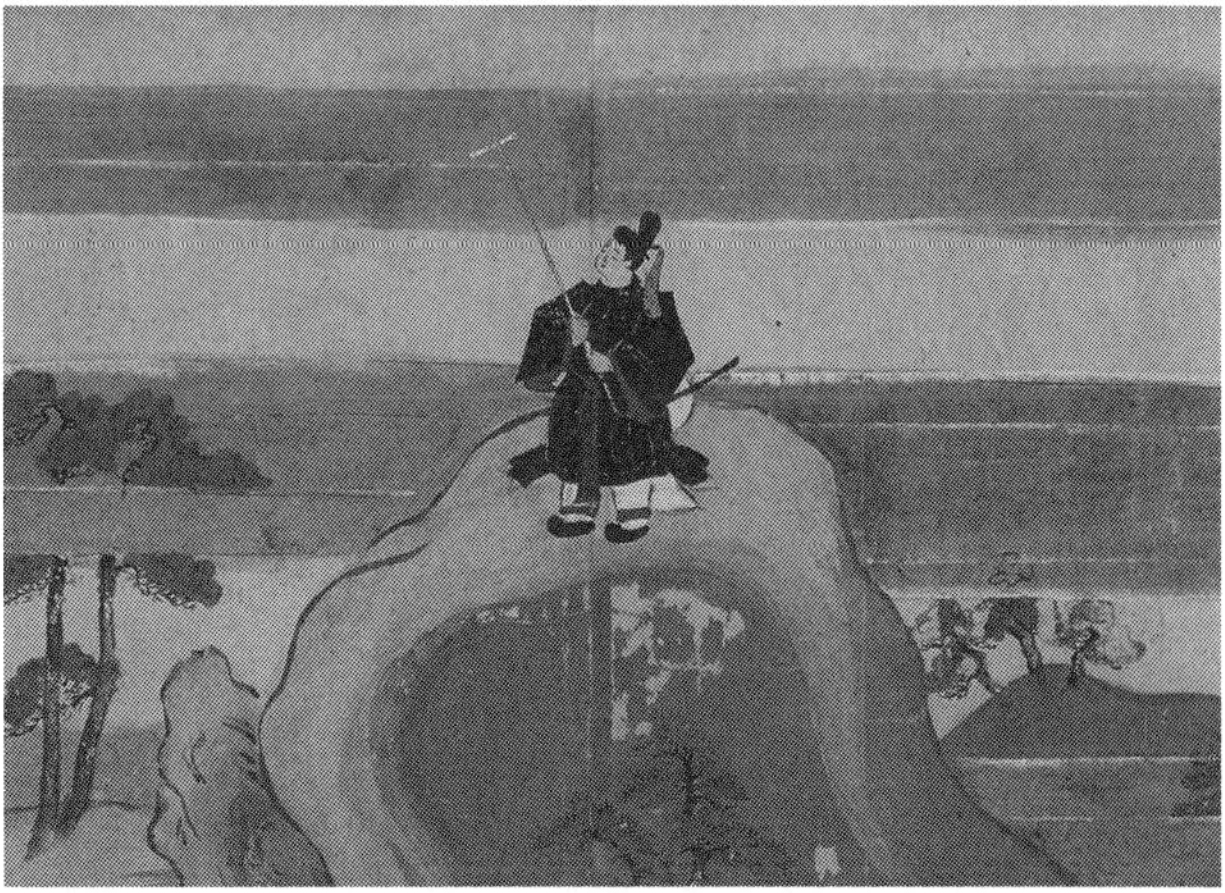

大宰府に流された菅原道真が、天拝山に登って無実を訴える場面。「北野天神絵巻」より（九州国立博物館蔵／ColBase）

い警戒感を抱いていたと考えられる。時平は道真やその長男の高視《たかみ》に贈物をしていたので、自らの立場の弱さを自覚していたのかもしれない。

昌泰4年（901）、時平は道真を中傷し、大宰権帥に左遷させた。『愚管抄《ぐかんしょう》』は、「時平コソカク心モア（悪）シケレ」とまで書いている。

中傷の内容とは、「宇多上皇を惑わし欺《あざむ》いた」「醍醐天皇を廃して、斉世《ときよ》親王を皇位に就けようとした」などである。しかし、実際には時平だけでなく、道真の栄達を快く思わない公家が多数存在した。つまり、彼らの同意のもとで、道真は排斥されたと考えるべきだろう。

Q10

他氏を排斥した藤原氏だがこんどは内部で権力争いとなった?

藤原氏が権力を確立していく中で、ほかの有力な公家との暗闘に加え、内部での激しい権力闘争があったことを忘れてはならない。

藤原兼家《かねいえ》（道長の父）は、摂政・関白の地位を兄の兼通《かねみち》、従兄弟の頼忠《よりただ》と争っていた。兼通の昇進は兼家より遅かったが、摂政を務めていた長兄の伊尹《これただ》が早く亡くなったので、幸運が訪れた。当時の兼通は権中納言だったが、一気に内大臣に昇進し、関白の地位を与えられたのである。その後、兼通は従一位・太政大臣まで上り詰め、娘を円融天皇の皇后とした。ただし、弟の兼家とは、大変仲が悪かったという。

頼忠は、左大臣・藤原時平の娘の次男だった。兼通・兼家兄弟の関係が悪化する中で、頼忠は権勢を保持していた兼通によって、左大臣に取り立てられた。貞元《じょうげん》2年（977）、死が迫った兼通は、頼忠を円融天皇の関白に指名した。頼忠は太政大臣になったものの、円融天皇の皇后となった娘の遵子《じゅんし》に皇子が誕生しなかったので、ついに外戚になれなかった

藤原氏略系図

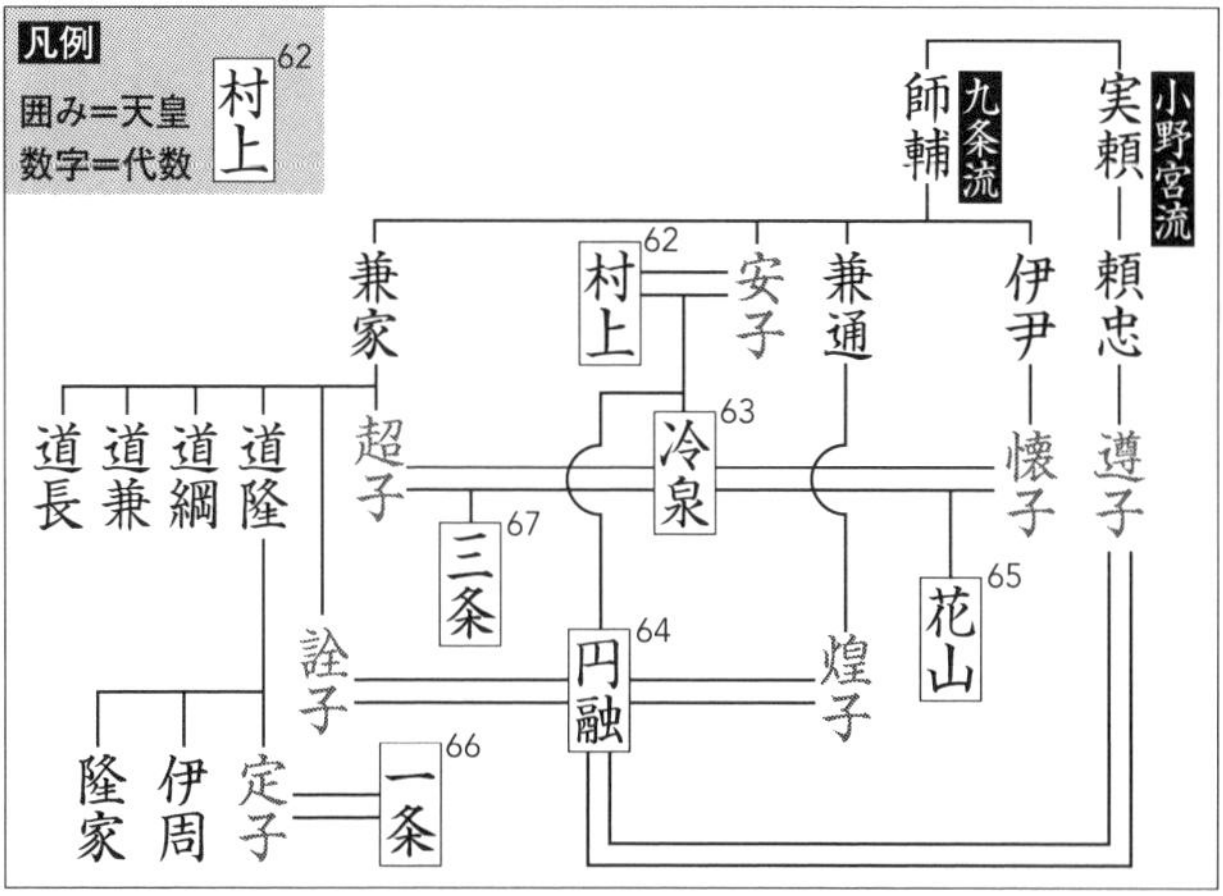

のである。この事実は、頼忠にとって大きな痛手となる。

寛和《かんな》2年（986）、兼家は花山天皇の譲位を画策し、外孫の一条天皇を新天皇に据えることで、摂政の地位を獲得した。こうして頼忠は、関白の座から退くことになったのである。

兼家は嫡男の道隆《みちたか》を後継者に据え、道隆は一条天皇の後宮に娘の定子《ていし》を入れた。道隆は家督を嫡男の伊周に譲ろうとしたが、結局は実現することなく、長徳《ちょうとく》元年（995）に病没した。後継者となったのは、兼家の三男で弟の道兼だった。ところが、道兼は関白に就任してから、わずか数日で亡くなったのである。

Q11 なぜ北家傍流の**藤原純友**は**海賊**になったのか？

藤原純友《すみとも》は生年不詳。父は良範《よしのり》といい、摂政・関白を歴任した忠平の又従兄弟だった。純友は藤原氏とはいえ、藤原北家の傍流に過ぎなかったのである。

承平《じょうへい》年間（９３１〜９３８）になると、純友は伊予掾《じょう》に登用された。承平６年（９３６）、純友は日振島《ひぶり》（愛媛県宇和島市）を拠点にし、海賊として活動していたが、伊予守の紀淑人《きのよしと》の赴任を機にして、海賊の追捕で大活躍した。純友もまた、海賊の討伐を朝廷から命じられたのである。

その後、純友は再び日振島で海賊の首領として活動し、「南海の賊徒の首」と呼ばれた。天慶《てんぎょう》２年（９３９）、純友は摂津国で備前介《すけ》の藤原子高《さねたか》を襲撃し殺害すると、海賊行為は瀬戸内海一帯に広がった。同じ頃、東国では平将門《まさかど》が反乱を起こしたので、公家たちは強い危機を感じていた。この二つの乱を承平・天慶の乱という。純友は将門と比叡山頂から都を見下ろし、「天下を二分しよう」と誓い合ったエピソードがある。

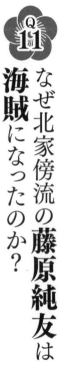

藤原純友の乱関係図

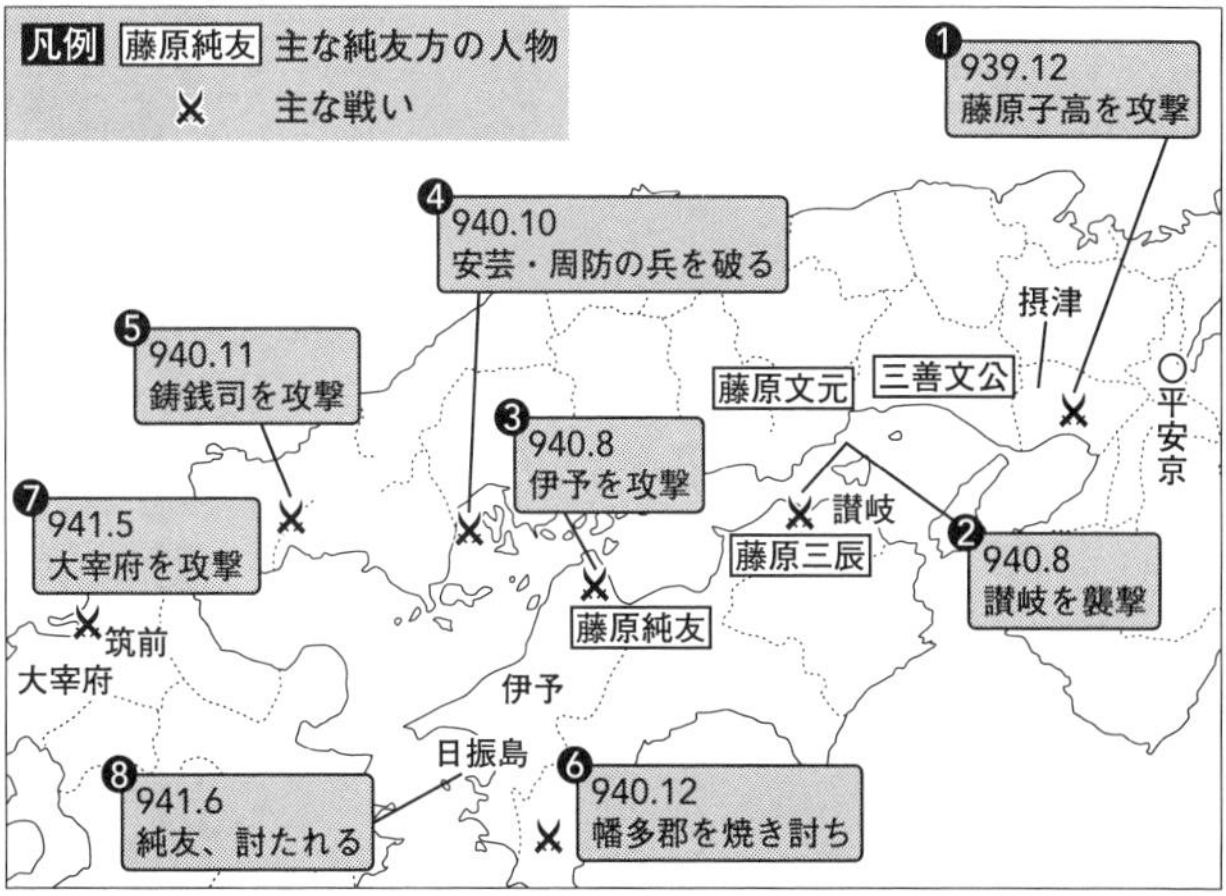

翌年、純友は淡路国、伊予国、讃岐国でも反乱を起こし、略奪行為を繰り返した。これに業を煮やした朝廷は、純友を討伐することにしたのである。天慶3年（940）5月、朝廷は追討軍として、小野好古《よしふる》、源経基らの軍勢を筑前国博多に遣わした。この戦いで純友は敗れ、ほぼ壊滅状態になった。

朝廷軍に敗れた純友は、なんとか伊予国に逃げたが、伊予警固使《けいごし》の橘遠保《とおやす》に討たれた。こうして乱は終息したものの、この事件はやがて訪れる武士の世の到来を予見させることになった。一連の乱の経緯については、平安時代中期に成立した『純友追討記』に書かれている。

Q12 光源氏のモデルの一人・藤原伊周は嫉妬から花山法皇に矢を射かけた？

藤原伊周《これちか》は道隆の次男で、叔父に当たるのが道兼と道長である。伊周は光源氏のモデルの一人といわれたが、叔父の道長と激しい権力闘争を演じたことで知られる。

長徳元年（９９５）に道隆が亡くなると、弟の道兼が関白に任命されたが、その道兼もわずか数日後に亡くなった。伊周は内覧《ないらん》もしくは摂政の地位を望んだが、それは叶わなかった。叔父で権大納言の道長が内覧の宣旨《せんじ》を受けたからである。伊周は期待が大きかっただけに、その嘆きぶりは尋常ではなかった。そのような事情もあり、伊周と道長の対立は依然として続いたのである。

そのような状況下、長徳2年（９９６）に起こったのが花山法皇襲撃事件である。伊周は、故藤原為光《ためみつ》の娘・三の君のもとに通っていた。一方、花山法皇は、同じ屋敷に住む為光の娘・四の君のもとに通っていた。その話を知った伊周は、花山法皇が三の君のもとに通っていると勘違いし、弟の隆家にどうすべきか相談した。

藤原道隆の前で競べ弓をする伊周と道長。『大かゞみ絵詞』より（国立歴史民俗博物館蔵）

一計を案じた隆家は花山法皇を脅すため、従者に法皇の一行を襲撃させた。その際、従者の放った矢が花山法皇の袖を射抜いたのである（長徳の変）。ところが、花山法皇はあまりの恐怖と、女性のもとに通っていたことが露見するのを恐れ、この事実を口外しなかった。しかし、この噂は瞬く間に広がっていった。

道長は政敵の伊周を陥れるため、この事件を利用したのである。その結果、伊周は大宰権帥に、隆家は出雲権守に左遷され、伊周の一族は連座して没落した。のちに伊周と隆家は許されたが、往時の威勢はすっかりなくなった。こうして、道長の時代が到来したのである。

Q13 藤原氏全盛を築いた藤原道長はけっこう横暴な人物だった?

長徳元年(995)、藤原道隆が病没すると、弟の道兼が後継者として関白の座に就いたが、道兼もわずか数日で亡くなった。後継の有力者は、伊周(道隆の嫡男)と道長(道隆の弟)の二人に絞られることになった。

道長は、伊周が関白になると世が乱れると考え、一条天皇に直談判したとさえいわれている。その後、長徳の変(Q12)が勃発し、伊周は失脚。道長は内覧として起用されたのである。内覧とは、摂政・関白の地位になくても、天皇に奏上《そうじょう》すべき文書を内見し、政務を処理することができた。では、なぜ道長は内覧の地位に留まったのだろうか。

当時、道長はまだ権大納言にすぎず、大臣ではなかったので、摂政・関白の座に就く資格に欠けていた。その後、道長は右大臣(のちに左大臣)に就任し、藤氏長者にもなったが、依然として内覧の地位に留まった。道長は外祖父ではなかったので、天皇の後見たる摂政・関白に就いても、あまり意味がなかったのである。そこで道長は、事実上の太政官の

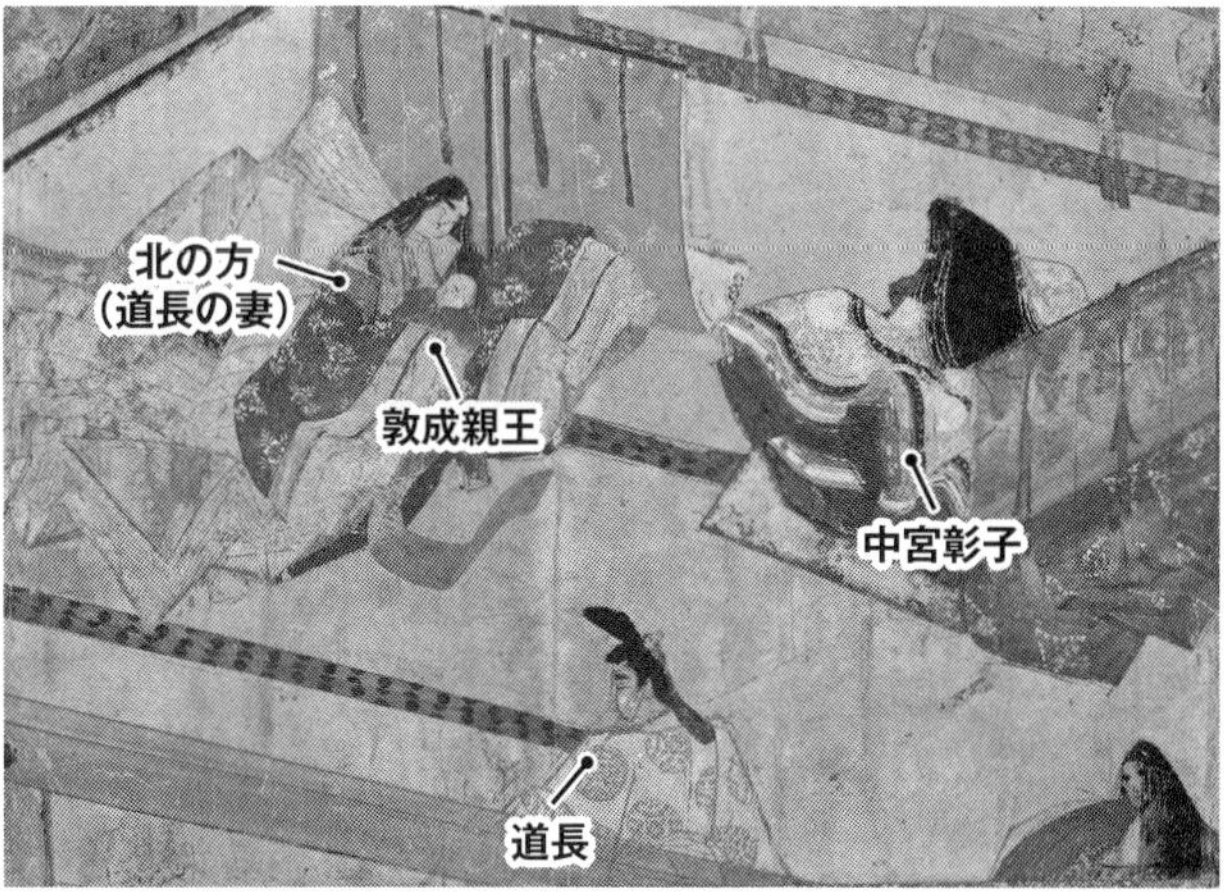

一条天皇の中宮彰子が生んだ敦成親王（後一条天皇）の生誕50日を祝う場面。「紫式部日記絵巻断簡」より（東京国立博物館蔵／ColBase）

トップである左大臣として政務を行い、内覧の立場を利用して、公権力を行使しようと考えたのだろう。

長和《ちょうわ》5年（1016）、三条天皇は、道長の外孫の敦成《あつひら》親王（後一条天皇）に譲位した。その後、満を持して道長は摂政になったのである。

ところで、道長は横暴だった逸話が多い人物である。長和2年（1013）6月、祇園御霊会《ごりょうえ》が催された際、従者たちに命じて、散楽《さんがく》人の衣装がボロボロになるほど暴行し、祭礼をメチャクチャにしたことがあった。同年8月、妻の外出時の手際が悪かったことに激昂し、担当者の藤原方正《かたまさ》と紀忠道《きのただみち》を自邸の小屋に監禁したという。

Q 14 「この世をば〜」で始まる有名な歌は反道長派の日記に記されたもの？

寛仁《かんにん》2年（1018）3月、藤原道長は11歳になった後一条天皇のもとに、女御《にょうご》として三女の威子《いし》を入内させた。その後、威子は中宮となったので、道長は祝宴を催し、自邸に公家を招いた。その席上で、道長は有名な「この世をば わが世とぞ思ふ 望月の かけたることも なしと思へば」という和歌を詠んだ。道長は酔いにまかせて詠んだという。

和歌の大意は、「この世は 自分（道長）のためにあるようなものだ 望月（満月）のように何も足りないものはない」になろう。この和歌は道長の日記『御堂《みどう》関白記』ではなく、藤原実資《さねすけ》の日記『小右記《しょうゆうき》』に記されたものである。実資は道長の全盛期にあって、ライバルでもあった。ところで、実資は道長から返歌を求められたが辞退したという。

その代わり、実資はこの歌を皆で詠じることを提案し、列席した公家が繰り返し詠ったといわれている。道長の歌がライバルの日記『小右記』に書かれていなければ、後世に伝わらなかったのだから皮肉な話である。

Q15

藤原道長のプライベートな日記『御堂関白記』には何が記されている？

『御堂関白記』は藤原道長の日記で、長徳4年（998）から治安《じあん》元年（1021）までの出来事が書かれている。江戸時代に近衛家熙《いえひろ》が『御堂関白記』と名付け、一般に知られるようになった。しかし、道長は関白にならなかったので、必ずしも正しい題名とはいえない。自筆原本は、陽明文庫（京都市右京区）が所蔵する。

その記述内容は多彩であるが、自身に関わること、特に政治的な出来事が注目される。長和5年（1016）、外孫の後一条天皇がわずか9歳で即位すると、道長は摂政として支えることになった。その際の儀式次第は詳細に書かれている。寛仁2年（1018）、三女の威子が後一条天皇の中宮になったとき、長女彰子、次女妍子の立后の儀式も同様に詳しい記述がある。『御堂関白記』は、道長の政権運営を知るうえでの貴重な史料である。

一方、寛仁3年（1019）に道長が出家すると、記事そのものが少なくなった。文体は独特で誤字や当て字も多く、難解な史料の一つとされている。

Q 16 長徳の変で失脚した藤原隆家は海賊の襲撃を防いで英雄となった？

長徳2年（996）、藤原隆家は長徳の変により、兄の伊周とともに失脚した（Q12）。長徳3年（997）、隆家と伊周は許されて帰京し、隆家は従三位に叙せられた。その後も隆家は昇進を続け、中納言まで出世したが、運悪く眼の病に罹った。長和3年（1014）、隆家は宋《そう》の名医に治療してもらうという名目で、大宰権帥に転任したのである。

寛仁3年（1019）、刀伊《とい》が壱岐、対馬を襲撃し、その勢いでもって筑前に侵攻する事件が勃発した。刀伊とは夷狄《いてき》（中国の周辺地域の異民族）を指す朝鮮語だったが、わが国では沿海州地方に本拠を置く女真《じょしん》人を意味した。女真人とはツングース系の狩猟民の一種で、12世紀に金《きん》、17世紀に清《しん》を建国したことで知られる。

刀伊は50余艘の船で押し寄せると、壱岐守の藤原理忠《まさただ》を殺害した。上陸した刀伊は400余人を殺害し、牛馬を殺して食べたといわれ、捕らわれた人々は1000人以上になったと伝わる。刀伊の侵攻に立ち向かったのが、大宰権帥の隆家だった。

　隆家は京都に状況を報告する一方で、警固所に大宰府の官人を遣わして防戦に努めた。刀伊は、警固所や筥崎宮《はこざきぐう》を焼き払おうとしたが失敗した。官人だけでなく、現地の人々も応戦したので、刀伊は侵攻からわずか1週間で撃退されたのである。

　こうして刀伊は逃げ帰ったので、朝廷では隆家らに恩賞を与えようとした。ところが、いざ検討を始めると、公家の中から応戦の指示を出す前に戦いは終わったので、恩賞の給付に積極的ではない意見が出た。同年、隆家は京都に戻ったが、十分な恩賞を得ることがなく、寛徳《かんとく》元年（1044）に亡くなっている。

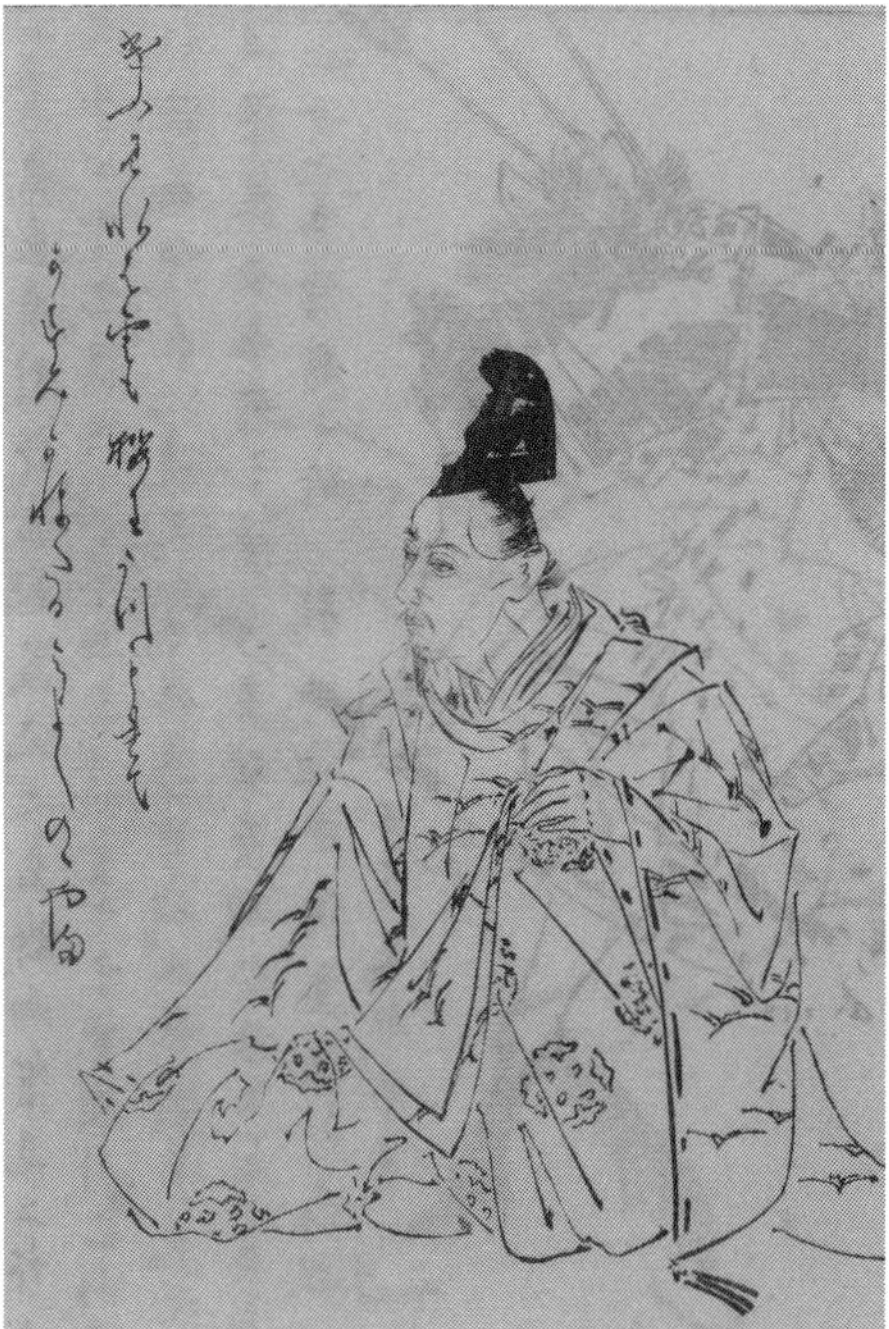

『前賢故実』に描かれた藤原隆家（国文学研究資料館蔵）

Q17 藤原隆家の子・経輔は天皇の前で殴り合いを始めた？

藤原経輔《つねすけ》は、刀伊を撃退した隆家（Q16）の次男であるが、いささか血の気が多い人物だったといわれている。

万寿《まんじゅ》元年（1024）、一条院内裏《だいり》の紫宸殿《ししんでん》において、後一条天皇らが相撲を観戦していた。すると、経輔は突如として、源成任《なりのぶ》と殴り合いの喧嘩を始めた。それは、髻《もとどり》を掴み合うほどの激しいものだった。いったんその場は収まったようだが、その数日後、再び経輔が成任に暴力沙汰を起こした。成任は自身の宿所に逃げ込んだが、経輔は従者を送り込み、宿所を破壊したという。

暴力行為は男性だけはなく、女性も行っていた。長和4年（1015）、女房の民部《みんぶ》掌侍《ないしのじょう》が、突然、三条天皇の目の前で暴れ出し、童に殴り掛かったという。三条天皇が童を庇《かば》うと、天皇も殴打した。このほか、宮中において、三条天皇の女房が皇太后彰子の従者と喧嘩になったこともある。決して油断ならなかったようだ。

Q18 暴力事件が絶えずに荒三位と呼ばれた貴公子がいる？

藤原道雅《みちまさ》は、内大臣を務めた伊周の子である。従三位・左京大夫まで出世したが、非常に粗暴で「荒三位《あらさんみ》」と恐れられた人物である。

長和2年（1013）4月、敦明親王《あつあきら》（三条天皇の皇子）の従者・小野為明《ためあきら》は、藤原娍子《せいし》（敦明の母）の住む弘徽殿《こきでん》に参上した。道雅は、為明を拉致すると、無理やり自邸に連行した。道雅は自邸において、自ら為明の髪を摑むなどの乱暴を働いた。さらに周りの者たちに命じて暴行を加えさせたので、為明は瀕死の重傷を負った。その後、暴行事件が発覚し、敦明親王から訴えがあったので、道雅は謹慎となった。

万寿4年（1027）には、道雅は高階順業《たかしなのぶなり》と賭博をしていたが、やがて激しい口論となった。居合わせた惟宗兼任《これむねのかねとう》（順業の乳父《めのと》）が道雅の狩衣《かりぎぬ》の袖先を破ったので、二人は大喧嘩になったという。なお、道雅は中古三十六歌仙の一人であり、勅撰和歌集の『後拾遺《ごしゅうい》和歌集』、『詞花《しか》和歌集』に和歌が入集する教養人でもあった。

Q 19

藤原頼通が50年間もトップであり続けられたのはなぜ？

藤原道長の死後、後継者として家督を引き継いだのは、子の頼通《よりみち》である。長和6年（1017）、道長は健在だったが、頼通は26歳で摂政の座に就いた。ただし、道長は以後も実権を握り続けたという。その後、頼通は約50年にわたり、政界に君臨し続けたが、その影は薄いといわざるを得ない。

頼通の存在が目立たなかったのは、藤原氏歴代とは違って、天皇の外祖父の地位を得られなかったからである。道長とは違って、頼通は娘が少なかった。頼通は道長から側室を迎えるよう勧められ、大いに困惑したと伝わっている。それでも頼通は、天皇に娘を嫁がせたものの、ついに外孫は誕生しなかった。結果、頼通の代で、長く続いた摂関政治は終焉を迎えたのである。

ところで、当時の朝廷は数多くの問題を抱えていた。長元《ちょうげん》元年（1028）、下総権介の平忠常《ただつね》が反乱を起こし、上総国府を占拠した（平忠常の乱）。忠常を討ったのは、源頼信《よりのぶ》

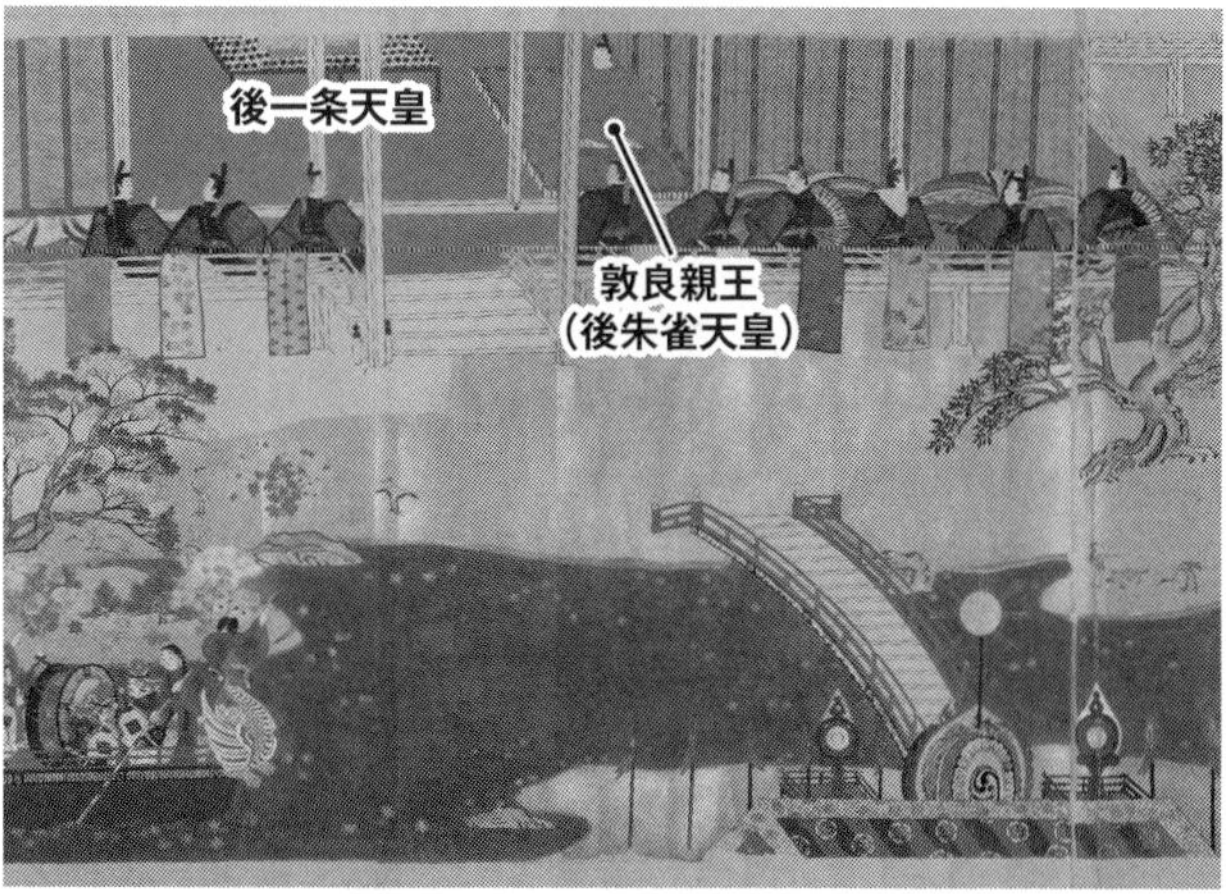

万寿元年（1024）年9月に開かれた、高陽院（頼通の邸宅）での駒競の様子。「駒競行幸絵巻（模本）」より（東京国立博物館蔵／ColBase）

（酒呑童子退治で有名な頼光の弟）である。

こうした地方武士の台頭により、朝廷は対応に追われることになった。ほかにも荘園の増加を抑えるために荘園整理令を発布したり、園城《おんじょう》寺と延暦寺が戒壇《かいだん》の設置をめぐって争ったりすることがあった。こうした課題を解決すべく、奔走したのが頼通だった。また、宇治の別荘を寺院とし、平等院としたのも頼通である。

治暦《じりゃく》４年（１０６８）に後三条天皇が即位すると、頼通は弟の教通《のりみち》に関白を譲り、宇治で隠居生活を送った。しかし、後三条天皇は藤原氏と姻戚関係になく、教通は関白として権勢を振るうことはできなかったのである。

Q20 摂関政治の終焉とともに藤原氏は没落したのだろうか？

Q19で述べたとおり、藤原頼通は天皇の外祖父になれなかったので、摂関政治は終焉を迎えた。とはいえ、藤原氏は急速に没落したわけではない。

後三条天皇は、藤原氏と姻戚関係になかったので、この時点で摂関政治は終焉を迎えていた。しかし、後三条天皇は白河天皇に譲位したものの、翌年の延久《えんきゅう》5年（1073）に病没した。一説によると、後三条天皇には院政を行う計画があったといわれている。応徳《おうとく》3年（1086）、白河天皇は堀河天皇に譲位すると、満を持して院政を開始した。本格的な院政時代の始まりである。

白河上皇は、政務機関の院庁を鳥羽離宮に設置し、下級公家や近親者を職員（院近臣）として登用した。また、源平などの武士を北面の武士として、院の御所を警備させた。つまり、院政とは上皇が独自に政務機関を置き、政権を担う政治形態だった。院が発給する院宣《いんぜん》、院庁が発給する院庁下文《くだしぶみ》により、重要事項が伝えられた。以後、幕末に至るまで、院政が政務の基本形態となった。

院政を支えたのは、寄進された膨大な荘園とそこから送られる年貢にあった。上皇は皇后や皇女に対し、荘園を与えることもあった。白河上皇は、そうした経済基盤を背景にして栄耀栄華を極め、のちに出家して法皇となった。

一方の藤原氏は、藤原忠通が父の忠実、弟の頼長《よりなが》と氏長者の座を争った。忠通は氏長者を継承したが、忠実は忠通に対し、頼長に摂政を譲るよう迫った。こうした家中での争いが発端となり勃発したのが、保元元年（1156）の保元の乱である。乱によって、頼長は敗死したが、藤原氏の弱体化が進んだわけではない。

藤原氏は公家社会でトップの座に君臨し、院政時代に入っても摂政・関白の座を保ち続けた。天皇家と同じく、各地に荘園を保持していたので、経済的な基盤も盤石だった。12世紀の半ば以降、平清盛が台頭し、平氏政権が樹立した。平氏の滅亡後は、鎌倉幕府が誕生した。それでも藤原氏の態勢は盤石だった。

武家政権が誕生しても、朝廷の役割は重要かつ欠かせなかった。年号の制定、除目《じもく》（人事）など挙げるとキリがない。藤原氏は5つの家に分かれたが、順番に摂政・関白を務め（Q1）、幕末まで公家社会の頂点に君臨したのである。

Q21 藤原氏一族内でも争いになった天皇の外祖父になるメリットとは？

藤原氏は娘を天皇に嫁がせ、生まれた子を天皇にすると、外祖父として権勢を振るった。その際、摂政・関白という職が有利に作用したのである。

当時、妻は結婚してからも父から経済的支援を受けることに加え、誕生した子どもは母方の祖父が養育することが習慣だった。子どもが天皇に即位すると、外祖父が強い影響力を保持できたのには、そのような理由があった。藤原氏は摂政・関白を務め、天皇を補佐したので、実権を握ることができたのだ。

摂関政治（Q7）では、まず公家らの会議が行われ、決まったことを摂政や関白が天皇に伝え、裁許《さいきょ》を仰ぐことになっていた。天皇が幼い（あるいは若い）場合、摂政や関白が助言するという名目で、藤原氏は決定権を掌握することができた。こうして藤原氏は事実上、政務を代行することが可能になったのである。藤原氏は、後三条天皇の外祖父ではなかった。それゆえ権勢を振るうことができず、このとき摂関政治は終焉を迎えたのである。

Q22 なぜ絶大な権力を持った藤原氏は天皇に取って代わらなかったのか？

藤原氏は高い官職を得たうえに、摂政・関白として天皇を支え、そうすることで権力を掌中に収めた。そもそも藤原氏には、天皇に取って代わろうという発想はなかったのか。

日本の統治機構は天皇を頂点として、神祇官《じんぎ》（祭祀を担当）と政務を担当する太政官《だいじょう》、そして地方の国々を支配する国司などによって形成されていた。なかでも重要なのは、太政大臣以下の議政官《ぎせいかん》組織である政官《じょうがん》だった。政務は議政官が審議し、天皇が最終的に決定した。藤原氏の権力の源泉の源は、このシステム（律令制）を利用したものである。

藤原氏が天皇家を打倒し、取って代わることには意味がなかった。天皇家には目に見えない権威があり、藤原氏が天皇家を自称したところで、しょせんは藤原氏に過ぎない。藤原氏が天皇家を凌駕《りょうが》するには、右に示したシステムを根本的に改革し、自らが頂点となり得る体制を構築する必要があった。しかし、それは極めて困難だったので、既成の枠組みの中で、権力を振るうことが効率的だったのである。

摂政・関白一覧（平安時代末まで）

摂政	関白	天皇	在任期間
藤原良房		清和	貞観8（866）8.19～貞観14（872）9.2
藤原基経		清和、陽成	貞観18（876）11.29～元慶8（884）2.4
	藤原基経	宇多	仁和3（887）11.21～寛平2（890）12.14
藤原忠平		朱雀	延長8（930）9.22～天慶4（941）11.8
	藤原忠平	朱雀、村上	天慶4（941）11.8～天暦3（949）8.14
	藤原実頼	冷泉	康保4（967）6.22～安和2（969）8.13
藤原実頼		円融	安和2（969）8.13～天禄元（970）5.18
藤原伊尹		円融	天禄元（970）5.20～天禄3（972）10.23
	藤原兼通	円融	天延2（974）3.26～貞元2（977）10.11
	藤原頼忠	円融、花山	貞元2（977）10.11～寛和2（986）6.23
藤原兼家		一条	寛和2（986）6.23～永祚2（990）5.5
	藤原兼家	一条	永祚2（990）5.5～永祚2（990）5.8
	藤原道隆	一条	永祚2（990）5.8～永祚2（990）5.26
藤原道隆		一条	永祚2（990）5.5～正暦4（993）4.22
	藤原道隆	一条	正暦4（993）4.22～長徳元（995）4.3
	藤原道兼	一条	長徳元（995）4.27～長徳元（995）5.8
藤原道長		後一条	長和5（1016）1.29～長和6（1017）3.16
藤原頼通		後一条	長和6（1017）3.16～寛仁3（1019）12.22
	藤原頼通	後一条、後朱雀、後冷泉	寛仁3（1019）12.22～治暦3（1067）12.5
	藤原教通	後冷泉、後三条、白河	治暦4（1068）4.17～承保2（1075）9.25
	藤原師実	白河	承保2（1075）10.15～応徳3（1086）11.26
藤原師実		堀河	応徳3（1086）11.26～寛治4（1090）12.20
	藤原師実	堀河	寛治4（1090）12.20～寛治8（1094）3.9
	藤原師通	堀河	寛治8（1094）3.9～承徳3（1099）6.28
	藤原忠実	堀河	長治2（1105）12.25～嘉承2（1107）7.19
藤原忠実		鳥羽	嘉承2（1107）7.19～永久元（1113）12.26
	藤原忠実	鳥羽	永久元（1113）12.26～保安2（1121）1.22
	藤原忠通	鳥羽	保安2（1121）3.5～保安4（1123）1.28
藤原忠通		崇徳	保安4（1123）1.28～大治4（1129）7.1
	藤原忠通	崇徳	大治4（1129）7.1～永治元（1141）12.7
藤原忠通		近衛	永治元（1141）12.7～久安6（1150）12.9
	藤原忠通	近衛、後白河	久安6（1150）12.9～保元3（1158）8.11
	近衛基実	後白河、二条	保元3（1158）8.11～永万元（1165）6.25
近衛基実		六条	永万元（1165）6.25～永万2（1166）7.26
藤原基房		六条、高倉	永万2（1166）7.27～承安2（1172）12.27
	藤原基房	高倉	承安2（1172）12.27～治承3（1179）11.15
	近衛基通	高倉	治承3（1179）11.15～治承4（1180）2.21
近衛基通		安徳、後鳥羽	治承4（1180）2.21～寿永2（1183）11.21
藤原師家		後鳥羽	寿永2（1183）11.21～寿永3（1184）1.22
近衛基通		後鳥羽	寿永3（1184）1.22～文治2（1186）3.12

2章

紫式部の生涯と人間関係の謎

Q23 『源氏物語』の作者紫式部は名門藤原氏の出身だった？

今から約1050年前の天禄《てんろく》元年（970）頃、紫式部は平安時代中期の漢学者・藤原為時《ためとき》の次女としてこの世に生を受けた。ゆえに、藤原氏の出身である。母は藤原為信女《ためのぶのむすめ》。この時代の女性の多くは、「女子」としか記録されておらず、本名がわからない場合がほとんどである。だから、「○○の女《むすめ》」とか「○○の母」と呼ぶことが少なくない。ご多分に漏れず、紫式部もそうであった（Q25）。

父・為時は「受領《ずりょう》」といわれる社会的階級で、階位は五位程度の中流だった。受領とは、中央政府から今でいう知事の役割（国司《こくし》という）を任命され、任地で職責を果たしながら、財を成すことのできる職のこと。任期は4年。満了後は必ず次期の任地が決まるわけではない。それゆえ、貯蓄をもとに生活していかなければならないときもあった。つまり、紫式部は貴族としては決して恵まれた環境に育ったわけではないのだ。ちなみに、彼女の曽祖父は鴨川沿いに邸を構え、「堤中納言《つつみちゅうなごん》」と呼ばれた藤原兼輔《かねすけ》で、三位にまで昇った人物。

伝谷文晁筆の紫式部（東京国立博物館蔵／ColBase）

名門出身とはいえ、紫式部の生まれた時代の生家は、やや凋落していたといえる。

　そして、紫式部は、幼くして母や姉を喪い、孤独の日々を送らねばならなかった。そうした憂悶《ゆうもん》を抱えながらも、漢学者である父の薫陶を受け、才知あふれる女性として育ったのである。やがて、稀代の作家として名を馳せるわけだが、その著述は意外にも限られている。『源氏物語』はもとより、式部の人生を知るヒントとなる『紫式部日記』（日記といっても、ある時点から人生を振り返った回想記のようなもの）、彼女の詠歌をまとめた『紫式部集』（「家集」という和歌で綴った式部のアルバム）が、著作である。

Q24

紫式部が漢籍好きなのは父・藤原為時の影響だった？

紫式部の父・藤原為時は「文章生《もんじょうしょう》」といわれる学者であった。今でいう大学教授といったところか。平安時代、貴族の立身出世の重要な要素であり、人間関係を築く上でも役立つ教養が「漢学（漢文の知識）」であった。宮中の公的記録のほとんどが漢文で記録され、芸術的感性にも大陸から伝わってきた漢詩などの漢文学の影響が多々あったからである。例えば、長徳《ちょうとく》2年（996）正月、為時は従五位下であったにもかかわらず、下国《げこく》の淡路守に任じられてしまった。そこで、「苦学の寒夜、紅涙《こうるい》袖を霑《うるお》す、除目《じもく》の春の朝、蒼天眼《そうてんまなこ》に在り（苦学の寒い夜には、血涙が袖を潤すくらい苦しい思いをしたのに、不本意な人事異動の春の朝、青空が眩しいことです）」といった詩を詠じたところ、一条天皇が感涙。ときの左大臣・藤原道長が、源国盛《くにもり》に決まっていた越前国（上国）を為時に任じたのだという（『古事談』1巻26ほか）。

式部には、亡くなった姉以外に弟もいた。惟規《のぶのり》という人物である。為時は、やがて家を

紫式部略系図

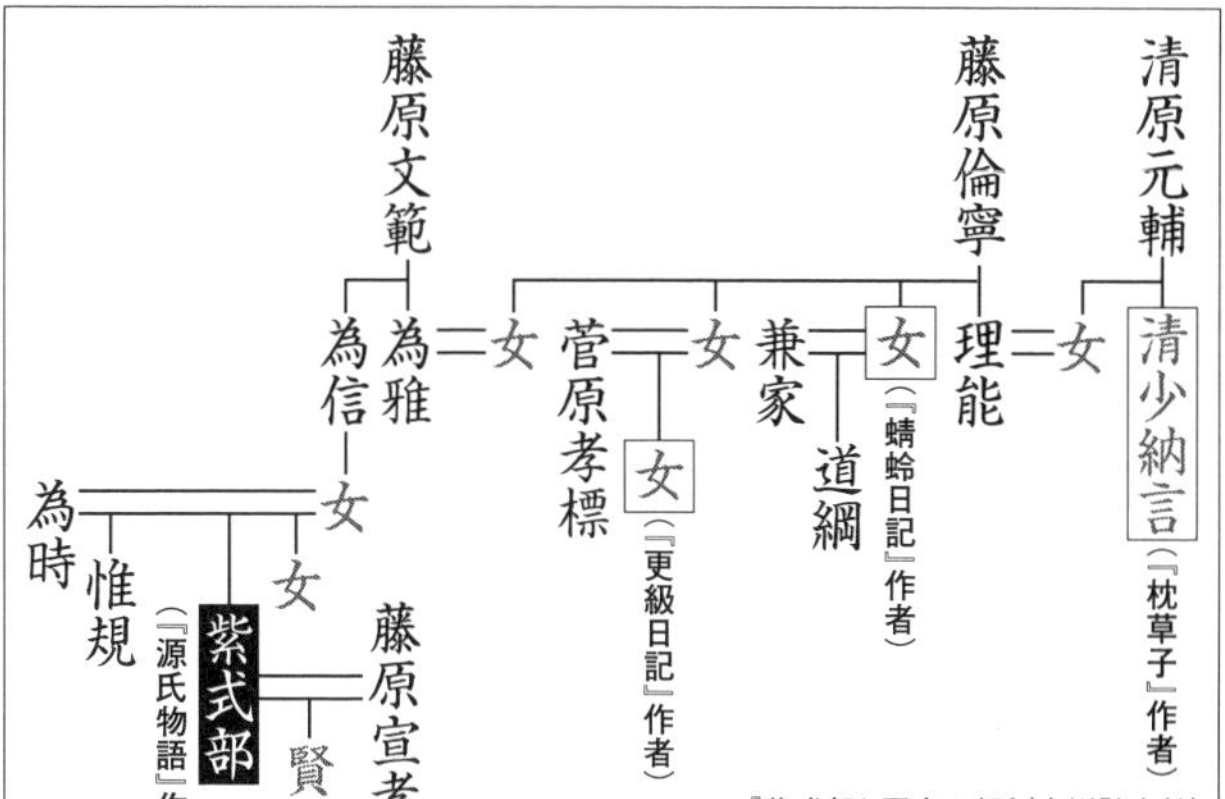

『紫式部と平安の都』（吉川弘文館）
所収の図をもとに作成

背負って立たなければならない惟規の教育に余念がなかった。この当時の学問の基本は暗唱《あんしょう》であった。しかし、父の講釈に学ぶ惟規よりも、隣にいた紫式部が課題を早く暗唱してしまうのである。父は「口惜しう。男子にてもたらぬこそ幸ひなかりけれ」（いやはや残念、この子が男子でないのが不幸せなことよ）と嘆いたことが『紫式部日記（以降『日記』）』の「書簡体部分」（まるで誰かに宛てた書簡のように「侍《はべ》り」〈です・ます体〉を多用して書かれている記事）に記されている。紫式部は、こうした日々の中で、さまざまな漢詩や漢文学を身につけ、『源氏物語』執筆につながる才覚と感性を磨いていったのである。

Q 25

紫式部はニックネーム それでは本当の名前は？

紫式部は宮中では、当初「藤式部《とうの》」と呼ばれていたらしい。この候名《さぶらいな》は、父・藤原為時が、式部丞《じょう》であったことに由来している。『日記』寛弘《かんこう》5年（1008）11月1日の記事に、祝宴（五十日祝《いかのいわい》）の席で、当時43歳の藤原公任《きんとう》が「あなかしこ、このわたりに、若紫やさぶらふ」（ちょっとねえ、このあたりに若い紫上はいますか）と尋ねてきたとある。式部も40歳前後。「若い紫さん」という呼び止めは強烈な皮肉だが、彼女は、「源氏に似るべき人も見えたまはぬに、かの上はまいていかでかものしたまはむ」（あの光源氏に匹敵する美しい男性も拝見できないというのに、かの紫上などいるわけないいじゃないの）と聞いていた。つまり宮廷社会に紫式部は『源氏物語』の作者として認知されていた。ゆえに、物語の最上のヒロインとしても名高い紫上になぞらえて式部本人を呼称するようになった、それが「紫式部」というニックネームの由来だといわれている。ちなみに、式部の本名について「香子」ではないかという説もあるが、定かではない（角田文衛《つのだぶんえい》氏説）。

Q26 少女時代に姉と慕った筑紫の君 その出会いと別れとは？

幼少期に姉を亡くした式部は、同じように妹を喪った幼馴染・筑紫の君と、互いの寂しさを埋め合うため、「姉君」「中の君（妹）」と呼び合い、文通したと『紫式部集』の15・16番歌の詞書《ことばがき》（その和歌が詠まれた事情を説明した文章）にある。この姉君については、為時の姉妹の娘だとか、為時の越前赴任とほぼ時同じくして肥前守となった橘為義《たちばなのためよし》の妻ではないかなど、諸説ある。いずれにせよ、式部と同じ受領階級の娘である。ゆえに意気投合するには、そう時間もかからなかった。『小倉百人一首』の式部の入集歌「めぐりあひて見しやそれとも分かぬまに雲隠れにし夜半の月かな」は、ある年の初秋に帰京した姉君が晩秋には再び遠方に行くという、束の間の幸せな時間とやがて訪れる寂しさから生まれた（1・2番歌）。式部もまた、父・為時の任国・越前国に向かうことになる。だが別れは突然にやってくる。39番歌の詞書には、「遠き所へ行きし人の亡くなりにけるを」とあるように、姉君は当地で亡くなった。またしても式部は、大切な人を喪失してしまうのであった。

Q27 『源氏物語』を書き始めたのは夫の藤原宣孝との別れが原因？

式部と藤原宣孝との結婚は、式部28歳前後、宣孝45～50歳くらいのときであった。平安時代、女子の成人式にあたる「裳着《もぎ》」は、13歳前後で迎えることからいっても晩婚といえる。そして、宣孝の年齢は、式部よりも父・為時に近い。ちなみに、宣孝は式部の又従兄弟にあたる。式部は、母や姉を相次いで亡くし、父親と弟の惟規とともに暮らしていた。父親の愛情を一身に浴び、文才豊かに成長し、一家の紅一点としての青春を過ごしたのである。そんな式部に、同年代の男性が釣り合うだろうか。「大人の男」である宣孝に惹かれるのも無理はない。『枕草子』「あはれなるもの」の段で、正暦《しょうりゃく》元年（９９０）、任官を祈願すべく、宣孝は御《み》嶽詣《たけもうで》にこれでもかといわんばかりの豪奢な衣装で出かけたとある。帰京後の8月、見事、筑前守に任じられた。また、彼は「紅涙」（その人を愛するあまり、血となって出てきてしまった涙のこと）を朱色の水玉で演出したラブレターを贈るなど、熱烈に求愛してもいる（31番歌）。この風変わりで女心をくすぐる一面も、芸術家肌の式部を惹きつ

藤原宣孝と紫式部の関係図

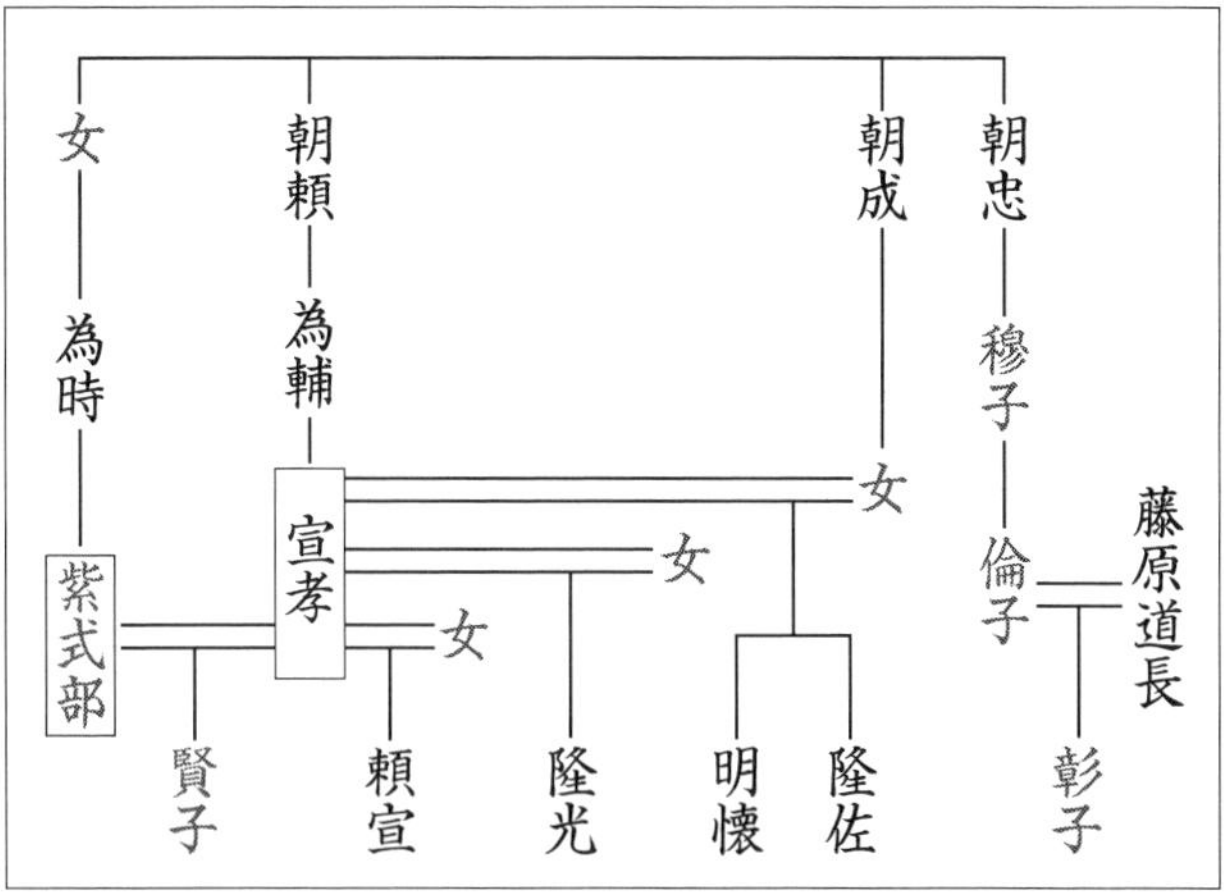

けた一因だったのかもしれない。結婚後、程なくして娘の賢子《けんし》が生まれた。しかし、そんな幸せも長くは続かなかった。長保《ちょうほう》3年（1001）、宣孝は、前年から流行していた疫病で逝ってしまうのである。

　おそらく、現実に押しつぶされそうな式部を奮い立たせたのは、宣孝の血を受け継ぐ娘の存在であり、父・為時直伝の文才であったろう。夫・宣孝を亡くした喪失感は、彼女を物語執筆の道に向かわせるに、十分だったと考えられる。

　式部は、『源氏物語』という、母を幼くして亡くし、父である桐壷《きりつぼ》帝の愛情を一身に浴びた光源氏という人物を主人公に据えた物語をつむぎ始めたのであった。

Q28 紫式部は宮仕えに馴染めずに引きこもっていた時期がある？

式部が、一条天皇内裏に初出仕したのは、寛弘3年（1006）12月29日である（前年の同月同日という説もある）。『源氏物語』作者の噂を聞いていた道長は、天皇との年齢差（中宮は8歳年下）のせいか、一条天皇の寵を得て子をなし得ない娘・彰子の教養係として式部を呼び、帝を智で惹きつける作戦に出た。

為時も娘の栄誉に喜悦せずにはいられなかっただろう。だが、幼少期から喪失を繰り返し、心の奥底に拭えぬ孤独感を抱えていたに違いない式部には、絢爛豪華な宮廷の世界が眩しすぎたのかもしれない。初出仕の感想として、「身の憂さは心のうちに慕ひ来ていま九重ぞ思ひ乱るる（宮中に来たわが身の憂悶はいよいよ心の底に及び、幾重にも重なるように思い乱れるしかないのだ）」（91番歌）と詠嘆せずにはいられなかったのである。その後、寛弘4年（1007）正月には「春の歌たてまつれ」とお達しが来ても「隠れ家」すなわち実家でその命に応じる（94番歌）など、戸惑いを隠しきれず、自邸に身を置きがちだっ

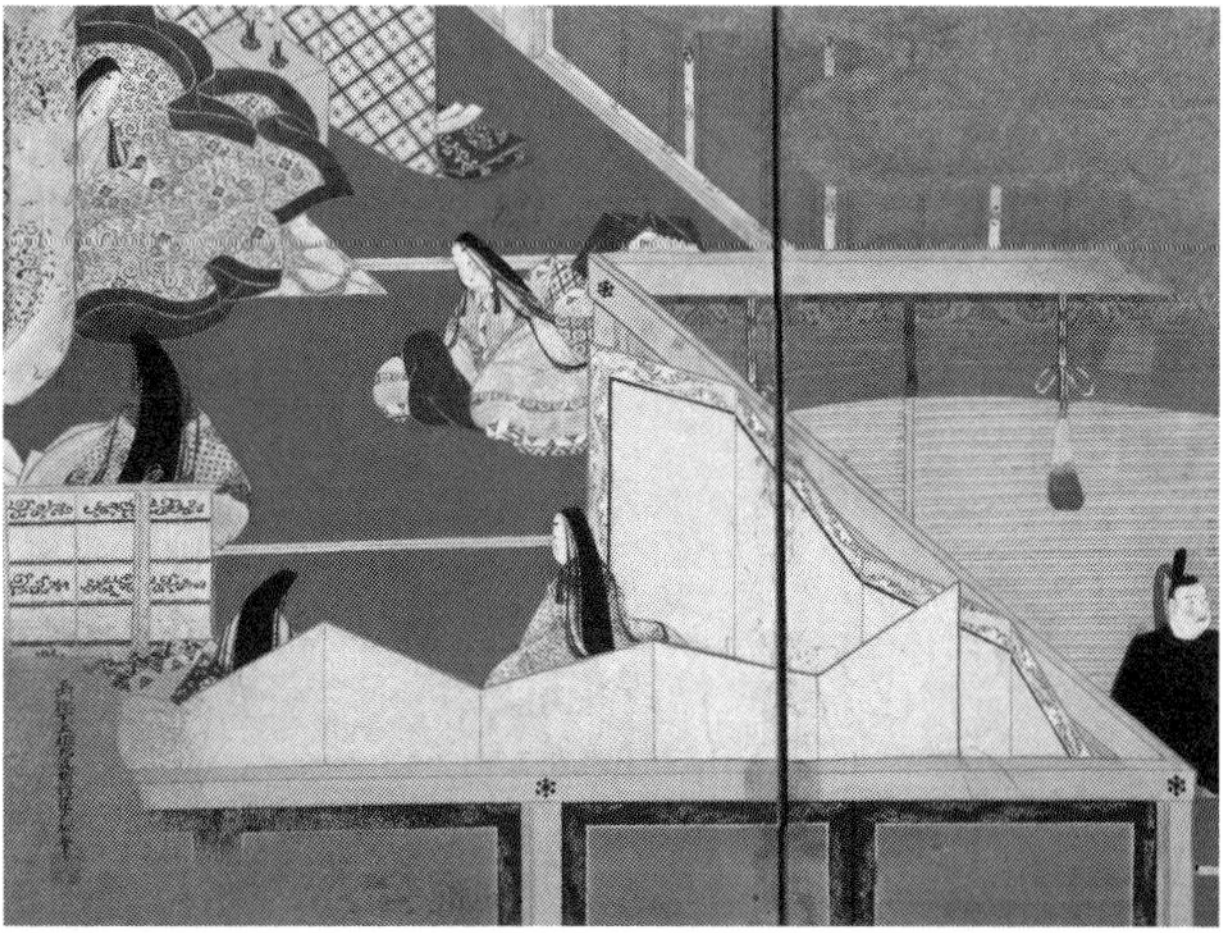

「栄花物語図屏風」に描かれた中宮彰子の出産場面（東京国立博物館蔵／ColBase）

たのは事実である。しかしながら、同4年4月、興福寺から八重桜が献上され、新参女房が歌を詠むことになったのだが、式部は、中宮の返歌を代詠する役回りとなっている。このことから、道長肝煎《きもいり》の作戦の立役者として、そう易々と引きこもってもいられなかったのだとわかる。

ちなみに、この場で生まれたのが、『小倉百人一首』でも有名な伊勢大輔《いせのたいふ》の「古《いにしえ》の奈良の都の八重桜」の歌である。一条朝の国母として揺るぎない存在となる彰子とともに、宮廷世界に引っ張り出された式部もまた、まとわりついて離れぬ憂鬱を抱懐《ほうかい》しながらも、その教養係・側近としての地位を築くのであった。

Q 29

小少将の君と親友になれたのは紫式部が処世術を理解したから？

式部の孤独感を癒やす存在が「小少将《こしょうしょう》の君」（源時通《ときみち》の娘、道長の妻・倫子《りんし》の姪、中宮彰子と従姉妹）だった。

『日記』寛弘5年（1008）10月条、一条天皇の土御門邸（道長の邸で中宮彰子が御産のために滞在している里邸）への行幸の頃、「重陽節句」でも名高い、老いを払拭できるという菊の花を眺めていた式部は、憂悶の世界に引きずり込まれた。

夜が明けても立ち直れずにいると、小少将の君から手紙が来る。涙のような時雨にこと寄せて「雲間なくながむる空もかきくらしいかにしのぶる時雨なるらむ」（雨も降りしきり悩みも尽きないとき、あなたを思って涙を流しているのです）と歌を贈ると、「ことわりの時雨の空は雲間あれどながむる袖ぞ乾く間もなき」（時雨の空は晴れ間があってもあなたを思って涙する袖は乾きませんよ）という返事が届く。つまり、小少将の君は、式部の理解者なのである。

さて、式部は、中宮彰子の「教養係」であった。それゆえに、ほかの女房たちからは、近づきにくい「インテリ」だと思われていたらしい。それを察知してか、言いたいことも言わず、言っても分からない人には言わない、批判されるのも面倒だと思っているうちに「呆け疾《はし》れたる人」、すなわちぼんやりとした鈍感な存在になってしまったと『日記』の「書簡体部分」にある。すると、周囲からは、お高く留まった人かとイメージしていたけれども穏やかなので別人かと思ったとか、中宮からも、仲良くなれないだろうなと思っていたのに、ほかの女房以上に仲良くなってしまったとの評価を得るようになった。

式部は、結果的には、中宮から一目置かれた評価の高い女房からも疎んじられずに済んでいるのだと続けながらも、「おいらけもの」（ぼうっとしている存在）と見下されているのだと認識している。彼女は、多くの同僚と、上辺では上手く付き合いながらも、内心は気が休まらなかったのだろうし、「心よりほかのわが面影」（本心を隠した外面）を恥じていたようである。そんな式部を癒してくれたのが、小少将の君だったのだろう。

何となく上品で、柳のようにしなやかで、すがたは可愛らしく、振舞いも奥ゆかしくて、自ら何かを決められないくらいに遠慮深く大人しい、すべてを受け入れてくれるようで、心配になってしまうくらいだと評している。

Q30

紫式部は中宮彰子に頼まれて楽しく漢籍を教えていた？

『日記』には、中宮彰子が『白氏文集《はくしもんじゅう》』（白居易《はくきょい》の漢詩集）の一部を、「式部に読ませ、さらに知りたそうにしていたので、いつぞやの夏頃からお教えした」とある。この記事の前半部分には、一条天皇が『源氏物語』の朗読を聞いて、「この作者は『日本書紀』を読んでいるな。学才が豊かだ」などとコメントしたとあるのだが、これを聞いた左衛門《さいもん》の内侍《ないし》という口から生まれてきたような女房に、「日本紀の御局《みつぼね》」という不名誉なあだ名をつけられたと記されている。『日本書紀』は漢文体で記録されているのだが、実は、平安時代、「漢字」は「真名《まな》」といわれ、男性が用いる公的な文字であった（Q41）。したがって、あだ名には、女だてらに漢字を読んでいる生意気な存在という意味合いが含まれていたのである。しかも、内侍は「いみじうなむ才がある」（あの紫式部という人は頭がイイみたいですよ）と殿上人《てんじょうびと》に言いふらしてしまったのだという。

周囲に馴染むべく、外聞を気にし、漢字については「一」という文字さえ書かなかった

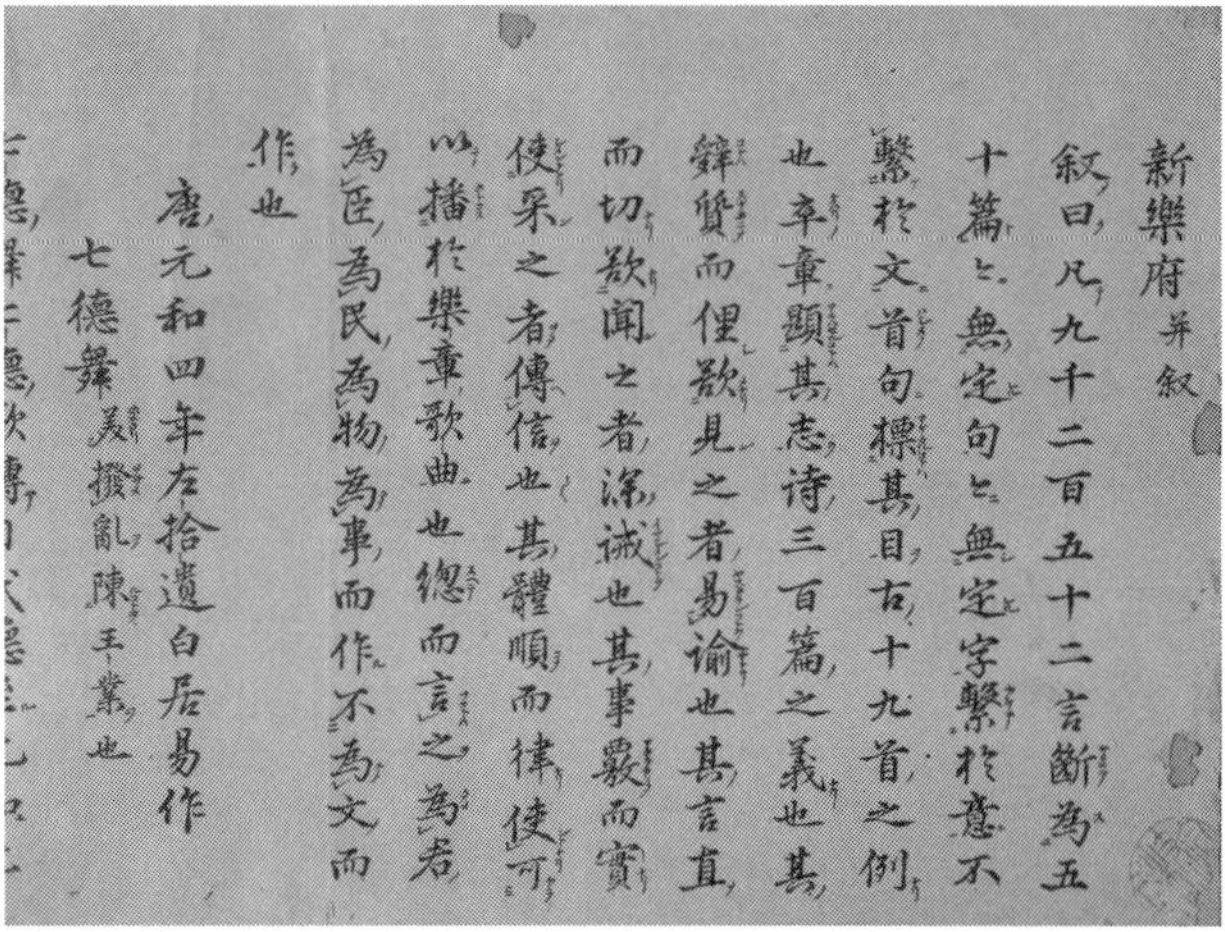
新樂府 并叙
叙曰凡九千二百五十二言斷爲五
十篇々無定句々無定字繫於意不
繫於文首句標其目古十九首之例
也卒章顯其志詩三百篇之義也其
辭質而俓欲見之者易諭也其言直
而切欲聞之者深誡也其事覈而實
使采之者傳信也其體順而律使可
以播於樂章歌曲也總而言之爲君
爲臣爲民爲物爲事而作不爲文而
作也
唐元和四年左拾遺白居易作
七德舞 美撥亂陳王業也

白居易が当時の政治や社会を批判した詩である『新楽府』の序文（京都大学附属図書館蔵）

とする式部には、手痛い言われようであった。だから、『白氏文集』の「新楽府《しんがふ》」2巻を、中宮に進講するにしても、「いとしのびて、人のさぶらはぬもののひまひま」（人目を忍んで、ほかの女房がいない間）に教授したのだという。つまり、式部と中宮、二人の秘密。その意味では、スリリングで楽しい、二人だけの智の空間が広がっていたのかもしれない。だが道長も一条天皇も地獄耳なのか、上等な漢籍の本を中宮にプレゼントしていたのだという。

式部は、まったく男というものはと思っていたかはともかく、あの「お喋り内侍」に知られてはいけないとびくびくしつつ、教えていたというのが実情のようである。

Q 31

藤原道長に紫式部は「好きもの」よばわりされた？

平安時代「好きもの」という言葉には、センスのいい人という意味もある。

さて、藤原道長はセンスのいい式部とのやり取りが好きだったらしい。彼は、寛弘5年（1008）の秋霧の朝、女郎花を見せて「さあ、これをテーマに歌を即興で」と出題したり、敦成《あつひら》親王の五十日祝の宴席でも詠歌させたりと当代きっての才女との言語遊戯を楽しんでいる。だから彼は、中宮の御前にあった『源氏物語』をパラパラとめくり、酸っぱい梅の実に敷いてある紙に「すきものと名にし立てれば見る人の折らで過ぐるはあらじとぞ思ふ」（酸っぱい梅を手折らない人がいないように、貴女は恋の名手だと知られているから声をかけない人はいないと思いますよ）と「すずろごと」（冗談）のついでに詠みかけた。対して「人にまだ折られぬものを誰かこのすきものぞとは口鳴らしけむ」（私は純粋なのに、そうやって吹聴するのは誰かしら）と返した。

一枚上手の式部。道長の式部への興は、尽きなかったと想像される。

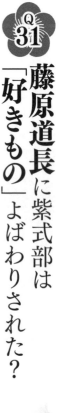

Q32 実はよくわかっていない？紫式部の生没年は

まず、生年には、天禄元年（970）、天禄2年（972）、天延2年（974）説などがある。式部の仏教への想いが叙述された『日記』の記事に「いたうこれより老いほれて、はた目暗うて経読まず」（これ以上老いて、また目が悪くなって経文が読めなくなり）と老眼を危惧する一文がある。この一文を書いている時点を、『日記』執筆時の寛弘7年（1010）だとし、平安時代の老境が、40歳前後であることと考えあわせ、逆算したのが生年の諸説である。

また、没年については、かつて、『小右記《しょうゆうき》』長和2年（1013）年5月25日の記事を根拠に、その後の生存はないとされた。しかしながら『栄花物語』では、あの小少将の君が寛仁元年（1017）の時点で存命で、かつ『新古今和歌集』の「巻8」に、式部と加賀少納言という人物との贈答歌が、小少将が亡くなってからのちという詞書付きで収載されている。ゆえに寛仁元年以降、50歳頃までは、少なくとも生存していたらしい。

Q33

紫式部は『枕草子』の作者清少納言を日記で批判した？

式部は、『日記』の中で、中宮彰子にはトラウマがあると述べている。幼少の中宮は「われは顔」(得意顔)で振る舞う女房が、生半可な知識を披瀝《ひれき》し、不興を買っているのを目にした。それがトラウマとなり、それゆえに出過ぎた真似はせず、男性官僚にも最低限の対応で構わないとの方針を立てた。それが中宮の周辺の女房に浸透しているというのだ。式部は、何事も塩梅良くこなすべきだと総括しているのだが、続く記事こそ、清少納言への辛辣な批判なのである。清少納言は「したり顔」(得意顔)で「真名」(漢字)の知識をひけらかし、奇《き》を衒《てら》っている。さらには、実を差し置いて風雅ばかりを追いかけて浅薄な人生を送る人は、決して良い最期を迎えないとまで非難している。丁度、中宮の方針に抵触する。ちなみに、式部が中宮彰子に出仕したのが寛弘3年(1006)年12月。清少納言が仕えた中宮定子は、長保2年(1000)12月、媄子《びし》内親王出産後間もなく崩御。清少納言は、崩御と時同じくして、宮中を去ったらしい。だから式部は清少納言と、宮中で顔を

鳥居清長筆の「清少納言図」（東京国立博物館蔵／ColBase）

合わせてはいないはずだ。おそらく式部は、かねてから聞いていた清少納言の醜聞《しゅうぶん》と『枕草子』をもとに罵倒したと考えられる。

なお、清少納言に至る前には、和泉式部を歌は上手いが「けしからぬ方」（良くない方面―男性との交情）があると断じたり、赤染衛門《あかぞめえもん》の詠歌《えいか》スタイルを褒めながらも、人によっては、上句と下句が嚙み合わず、空疎な修飾を連ねて自画自賛するが、それは気の毒だと続けている。それにしても、なぜ、顔を合わせたことのない清少納言の悪口を書いたのか。それは、気に入らなかったから、というよりは、前段の中宮方針論を受けて、例示として適当な存在が清少納言だったからというべきであろう（柴田まさみ氏）。

Q34 1000年も読み継がれる『源氏物語』とはどんな作品？

登場人物は端役も入れると500人以上、作中和歌は795首、数え方にもよるが、現存する巻々は54帖、四百字詰原稿用紙に換算すると、約2100枚分。何をとっても規格外、それが『源氏物語』である。桐壺帝の第2皇子として生まれた主人公は、皇位継承争いを避けるべく、源氏という姓を与えられる。唯一無二の「光る」源氏は、生母の桐壺更衣《こうい》を3歳で亡くし、その愛情を知らぬまま、「母なるもの」を求めて、大人の階梯を上ってゆく。葵上《あおいのうえ》、夕顔《ゆうがお》、藤壺《ふじつぼ》、紫上《むらさきのうえ》…数々の女性たちを経て、官途《かんと》を重ね、准太政《じゅんだいじょう》天皇という位に上り詰める（第1部：桐壺巻〜藤裏葉《ふじのうらば》巻）。しかし、サクセスストーリーだけでは終わらない。光源氏も老境を迎え、最愛の紫上を喪う。光源氏は、人生でもっとも孤独な瞬間を迎えるが、大邸宅・六条院に集う息子・夕霧《ゆうぎり》や貴紳《きしん》、女君《おんなぎみ》たち、とりわけ花散里《はなちるさと》がその晩年に寄り添う（第2部：若菜巻〜幻《まぼろし》巻）。一方、光源氏の孫にあたる匂宮《におうのみや》や子である薫（本当は柏木《かしわぎ》の忘れ形見）が、次代を担う存在として成長し、光源氏亡きあとの物語を彩る。舞台は、都から宇治川を隔てた世界に広がり、八宮《はちのみや》所生の大君《おおいきみ》と薫の結ばれぬ愛の物語、匂宮に見初められて都に迎えられながらも、ほかの妻たちに押し出され、満たされぬ日々を送った中君《なかのきみ》の物語、大君・中君の異母妹浮舟《うきふね》の、薫と匂宮の二人に言い寄られ、自らの生を嘆き、御仏に捧げる身となる哀切を極める物語が、「憂《う》」の音が通う「宇治」で展開する（第3部：匂宮巻～夢浮橋《ゆめのうきはし》巻）。

この長大な物語に、文豪も虜となっている。例えば、谷崎潤一郎は、光源氏の女性に対する傲慢な態度が嫌いだと評しながらも現代語訳に取り組み、川端康成は『雪国』や『古都』でよく似た二人の女性を出すという点に、『源氏物語』の「形代《かたしろ》」という概念から想を得ていたようだ。浮舟出家のリアルな場面は、あの瀬戸内寂聴を惹きつけてやまなかったという。そして、誕生以来、名場面が絵巻となり、近世に入ると土佐派や狩野派など、有名な御用絵師たちが屏風や扇面を成していった。また、香道の世界では「源氏香」なる「組《くみ》香《こう》」をもとにしたゲームもある。奥書を付ける習慣がなかったため、『源氏物語』の成立年次は明白ではないが、現在では寛弘5年（1008）には、おおむね完成していたとされている。平成20年（2008）、文部科学省は、日本を代表する古典の『源氏物語』が「千年紀」を迎えたということで、11月1日を「古典の日」と制定した。

Q35 『源氏物語』の時代設定とその時代を選んだ理由とは？

光源氏3歳のとき、生母の桐壷更衣が早逝、彼は喪に服すべく、宮中を退下する。実は、平安時代、延喜《えんぎ》7年（907）年以降、7歳以下の子は、喪に服さなくてもよいことになっている。また、最愛の更衣を失った桐壷帝が、日々、「亭子院《ていじのいん》」こと宇多帝の「長恨歌《ちょうごんか》の御絵」を眺め、当時の歌壇のスターだった伊勢や紀貫之《きのつらゆき》の和歌や漢詩を口にしているとある。宇多帝は、延喜の帝・醍醐天皇の父にあたる先帝。よって、物語の時代設定は、その頃だと考えられる。式部の出仕時期からすると、およそ100年前である。では、なぜその時代を選んだのか。まずは、現代の後宮世界をモデルにして起こり得るハレーションを防ぐため。そして、堤中納言こと三位に昇った曽祖父・藤原兼輔が、その官途を極めた時代が延喜であった。『源氏物語』には彼の詠んだ名歌「人の親の心は闇にあらねども子を思ふ道に惑ひぬるかな」（『後撰和歌集』）の言葉が、手を変え品を変え、引用されている。式部の家が栄華に浴した時代もまた、延喜であった。それゆえの時代設定かもしれない。

Q36 藤原氏出身の紫式部はなぜ源氏を主人公に選んだのか？

『源氏物語』の主人公が源氏である理由を一言で言えば、藤原氏が主人公では書けない物語を書きたかったからといえるだろう。もともと「源《みなもと》」とは、姓の一つである。第52代嵯峨天皇が、母の身分が低い皇子たちを、いわゆる「臣籍降下」といって、皇室の外側に出した。そのときに付与した姓が「源」であった。これを「賜姓《しせい》源氏」という。

光源氏は、桐壷帝と更衣、すなわち中宮や女御《にょうご》に継ぐ、決して身位の高くない母との間に生まれた。類い稀な美貌と才気に恵まれた皇子が、皇位継承争いを避けるべく、臣籍に下されるも、皇室の血統を受け継いで、平安王朝社会の頂点の上り詰める物語を書くには「源氏」という設定しかあり得なかった。

そして、式部は、「光る」という愛称を付けた。それは、自らが光り輝き、その光によって、物語の世界をあまねく照らす栄光の存在という意味であった。その結果、主人公「光源氏」が誕生したといえよう。

Q37 家柄・容姿・頭脳すべてに優れた光源氏には実在のモデルがいたのか？

主人公・光源氏のモデルには、源融《とおる》（河原左大臣《かわらのさだいじん》）とか源高明《たかあきら》、藤原道長、在原業平《ありわらのなりひら》、在原行平《ゆきひら》、菅原道真に至るまで、さまざまな人物が想定されてはいる。要するに「モデルはこの人だ」と断定することは難しく、色々な人々の要素が結晶して「光源氏」なる人物が創られているといえる。

例えば、源融は、嵯峨天皇の皇子から臣籍に下った人物であり容姿端麗。彼の邸宅「河原院」は、荒廃してから、亡霊が出るとも噂されていたため、光源氏が夕顔を連れ込んだ廃院のモデルではないかといわれている。他方、左大臣側だった光源氏が、朱雀帝の尚侍《ないしのすけ》に決まっていた朧月夜《おぼろづきよ》に手を出してしまい、彼女の父である右大臣からの粛清を免れるべく、須磨《すま》へ謫居《たっきょ》する点については、源高明や菅原道真の左遷、在原行平の須磨流謫《るたく》などがモデルではないかとも。強いて言えば、出会った女性すべてを大切にするという光源氏の生き方は、在原業平をモデルとした「昔男」が主人公の『伊勢物語』の初段にある「いちはやきみやび」という概念によると考えられる。この主人公は、成人と同時に狩りに出かけた旧都・平城京の春日野で見出したうら若き姉妹に恋文を贈る（初段）。また、もう一度、若く美しい男性に恋情を燃やしたいと願う99歳の老女も粗末にはしなかった（63段）。老若問わず情愛をかける激しい雅やかな心が「いちはやきみやび」である。

『源氏物語』夕顔の一場面。扇に載せられた夕顔の花を、光源氏のもとへ運ぶ家来の惟光（東京国立博物館蔵／ColBase）

光源氏は、夕顔や紫上などの可憐な女性だけではなく、器量の良くない末摘花《すえつむはな》や老女・源典《げんのない》侍《し》にも向き合い、決して相手の女性に恥をかかせることはしない。そして、母を幼くして亡くし、父の薫陶を受けて育つも、母の愛を求めながら彷徨《さまよ》わねばならなかったという点については、紫式部本人の内面が、投影されていたのではないだろうか。

Q38 『源氏物語』で描かれる恋愛は『伊勢物語』のオマージュ？

Q37でも触れた通り、「いちはやきみやび」という心が、光源氏の根底にあることからいっても、『源氏物語』の『伊勢物語』からの影響は明らかだが、物語の具体的な恋愛事件についても同様である。例えば、光源氏が継母である藤壺宮と密通してしまう禁じられた恋情は、『伊勢物語』の「二条の后」（清和天皇の后・藤原高子）との恋（3〜6段など）、伊勢の斎宮《さいぐう》との恋（69〜71段）にヒントを得て、描かれているといわれている。また、光源氏が、療養のために向かった北山の「なにがし寺」（寺のモデルは鞍馬寺といわれているが一説には神護寺とも〈川島絹江《かわしまきぬえ》氏〉）で、最愛の女性である紫上を垣間見て、迎えようとする展開は、『伊勢物語』の「初段」がモチーフになっていると見てよい。同段の昔男の「春日野の若紫のすり衣しのぶの乱れ限り知られず」（春日野の紫草の可憐な花のごとき若く美しいお二人に、衣の乱れ摺り紋様のごとく、私の心は思い乱れているのです）という詠歌の文言に照らしても、その可能性は高い。そして、光源氏のすべての人々を大切にす

『伊勢物語』第4段「西の対」を題材に、過去の恋を思って歌を詠む在原業平（東京国立博物館蔵／ColBase）

る柔軟な「なさけ」の心は、「紫の色濃き時はめもはるに野なる草木ぞわかれざりける（紫草の芽吹く春の緑と野にある草木を分かつことができないように私は皆を愛するのです）」（『伊勢物語』41段）や「紫の一本ゆゑに武蔵野の草はみながらあはれとぞ見る（その紫草の一本ゆえに武蔵野の草はすべて愛しい）」（『古今和歌集』詠み人知らず）が基調となっている。

当時の人々は、業平をモデルにした『伊勢物語』の「昔男」の激しい恋情と柔らかな人情を想い起しながら、漢詩や和歌、物語や日記、ひいては『枕草子』のことばにも心を向けつつ、『源氏物語』の広く深い世界を楽しんだのかもしれない。

Q39 紫式部が書いた『源氏物語』草稿は藤原道長によって盗み出された？

敦成親王の五十日祝に続く、『日記』寛弘5年（1008）11月条には、中宮彰子の宮中への還啓《かんけい》の御土産として、『源氏物語』の「御冊子《みそうし》」（奏覧本《そうらんぼん》）を制作することになったとある。式部は、使用する料紙《りょうし》を選び、書写のための原本、依頼状を添えて、能書家に配布、返ってきたものを綴じる作業に従事していた。当然、当時は印刷機などないため、手書きである。問題は、式部の局（詰所）にあった配布原本をつくるための「物語の本」（草稿）を、式部不在の隙に、道長が盗み、「内侍の督《かん》の君」こと娘の妍子《けんし》に献上したことだ。式部は、草稿は「よろしう書き変へ」ていないから、妍子からは「心もとなき名（どうしようもない評価）」を受けただろうと落胆している。それにしても、この時点で、「（よろしう書きかへたりし）物語の本」（清書用原本）、「御冊子」（奏覧本）、「物語の本」（草稿本）の合わせて3本の『源氏物語』が存在していた。式部の名誉のためにも、現存の『源氏物語』のルーツが「御冊子」であるといいのだが。

Q40 藤原定家がいなければ『源氏物語』は存在しない？

藤原定家《さだいえ》（応保《おうほう》2年〈1162〉～仁治《にんじ》2年〈1241〉）は、歌人として知られているが、実は、今でいう国文学者としての側面も持ち合わせていた。当時は印刷技術がないため、書写するしかない。定家は、文学作品の写本を借用しては書写し、ときには、誤脱などの不審な点に「朱」を付ける念の入れようだった。例えば、『更級日記《さらしな》』は、定家肉筆の写本が残っている（御物本《ぎょもつぼん》）。では、式部が書いた『源氏物語』は現存しないのか。残念ながら見つかってはおらず、貸借を繰り返すうちに、散逸《さんいつ》してしまったと思われる。

現在は、定家書写の本文を継承する「青表紙本系」（特に「大島雅太郎《まさたろう》旧蔵本」）といわれるものが活字本のベースとなっている。ほかに、源親行《ちかゆき》・光行《みつゆき》父子が改訂を加えた「河内本系」、両者に属さない「別本」の類がある。「交野《かたの》の少将」や「狛野《こまの》の物語」など『源氏物語』にも登場する物語でありながら、現存しない作品も少なくない。私たちが、こんにち『源氏物語』を手にできるのは、定家の熱心な国文学研究のおかげなのかもしれない。

Q41

漢字・片仮名・平仮名は平安時代から使いこなし始めた文字だった？

片仮名や平仮名は、漢字からできている。日本人は、太古の昔、文字を持っていなかったらしい。5世紀中頃、大陸からの仏教伝来は漢字も伝えた。しかし、大陸の言語体系では記し得ない「やまとことば」があった。例えば「あすか」をどう書くか。「飛鳥」はその地に由来する当て字である。そこで、漢字一字につき一音とし、表音文字化したものが「萬葉仮名《まんよう》」であった。そうすれば「阿須可《あすか》」と書ける。このような新技術は『萬葉集』はもとより『古事記』や諸国の伝承を記した『風土記《ふど》』の成立をもたらした。また、当時の言語の複雑な発音の区別をも可能とした。例えば、「思ふ」と「憂し」。今では両者とも「ウ」と発音するが、当時「ふ」と「う」は異なる発音だったらしい。萬葉仮名では、両者に異なる漢字を用いることで判別していた。当時の日本語には67音もあったのだという(上代特殊仮名遣)。現代の「お」と「を」、「い」と「ゐ」、「え」と「ゑ」は、その名残である。

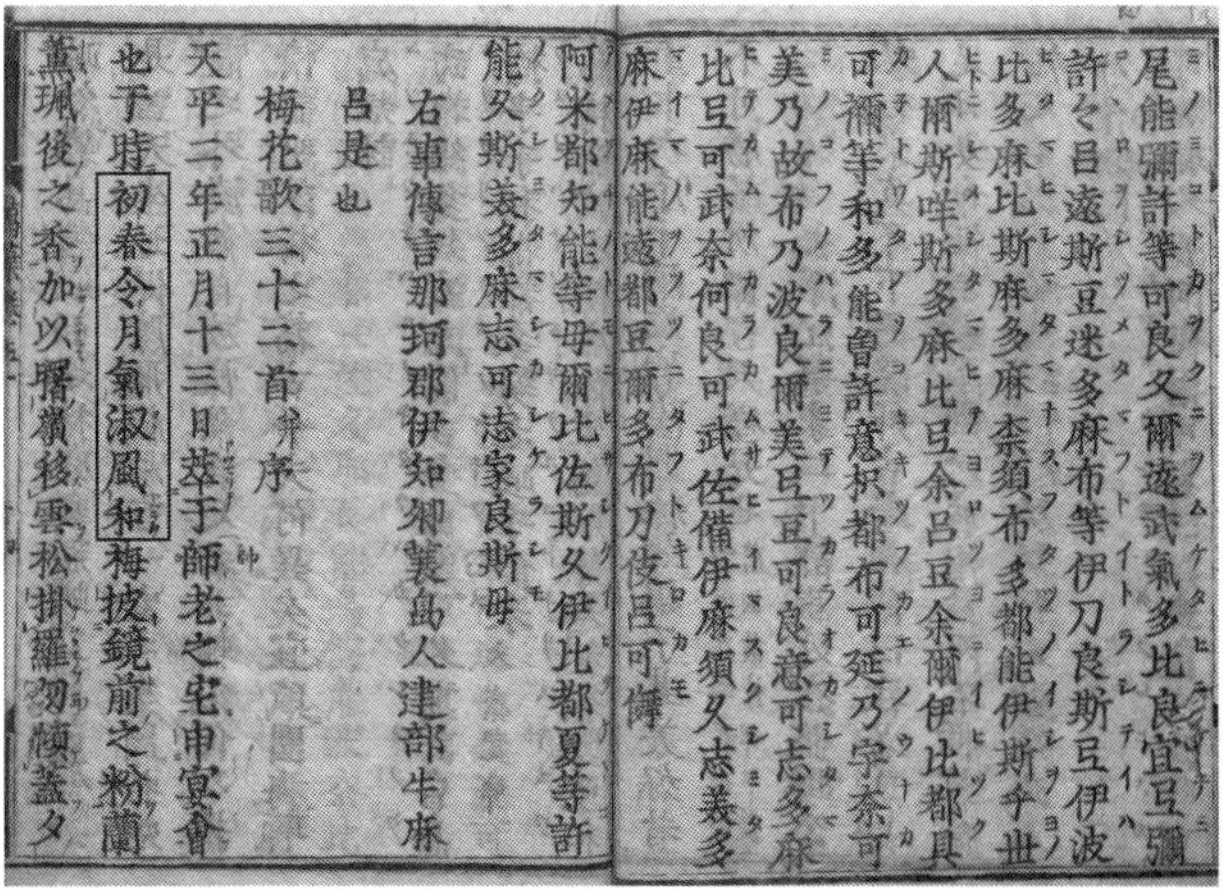
尾能彌許等可良久爾遠武氣多比良宜弖彌
許々呂遠斯豆迷多麻布等伊刀良斯弖伊波
比多麻比斯麻多麻奈須布多都能伊斯乎世
人爾斯米斯多麻比弖余呂豆余爾伊比都具
可禰等和多能曾許意枳都布可延乃宇奈可
美乃故布乃波良爾美弖豆可良意可志多麻
比弖可武奈何良可武佐備伊麻須久志美多
麻伊麻能遠都豆爾多布刀伎呂可舞
阿米都知能等母爾比佐斯久伊比都夏等許
能久斯美多麻志可志家良斯母
右事傳言那珂郡伊知郷蓑島人建部牛麻
呂是也
梅花歌三十二首并序
天平二年正月十三日萃于師老之宅申宴會
也于時初春令月氣淑風和梅披鏡前之粉蘭
薫珮後之香加以曙嶺移雲松掛羅而傾蓋夕

令和の元号のもととなった『萬葉集』巻5「梅の花の歌三十二首」の序文「初春令月気淑風和」（国立公文書館蔵）

漢字は画数が多く、書くには時間を要した。そのネックを克服すべく、漢字を崩した草書の要領で考案されたのが「かな文字」であった。一方、大陸との交易には「漢文」が必須であった。述語と目的語をレ点で返し、ときには送り仮名もふる。それには、記号のような文字が必要だった。そこで登場したのが片仮名である。

菅原道真の建議で、寛平６年（８９４）、遣唐使が停止された。この決定は、唐の混乱と荒廃という背景があったが、結果的に、和歌などの「やまとことば」を見つめなおす契機となった。それらを記す文字には「かな文字」は不可欠なツールであった。丁度、平安文学が花開く前夜のことである。

Q42 かな文字の発明がかな文学の隆盛を生んだ？

「かな文字」は、女性の曲線美のような嫋《たお》やかな文字である。一字一音の文字は、漢語では表しきれない心の機微を表現するのに最適であった。そして、女性も容易に使いこなせる文字だった。もちろん、清少納言や紫式部が漢詩の美に魅了されたように、それはそれで魅力もある。が、平安時代、表現のツールとして、柔軟性のある「かな文字」は、延喜5年（905）に成立した日本初の勅撰和歌集である『古今和歌集』を皮切りに、姫君が心を育んでゆくことで、人としての心とは何かを問うた『竹取物語』、男女の交情の悲喜を綴った『伊勢物語』を成り立たしめる。

多くは男性がつけていた日記を女性にも手渡す架け橋となった紀貫之の『土佐日記』は、任地で喪った娘に対する悲哀を語り、やがて、一夫一妻多妾という社会制度と一番に愛されたいという女心の葛藤を書き連ねた道綱母の『蜻蛉《かげろう》日記』が結晶、中宮とのキラキラとした想い出を定子衰退の現実の中で記していった『枕草子』など、さまざまな文学が

主な平安文学

	作品	編著者	成立	内容
詩歌	古今和歌集	紀貫之ほか	905年	日本最初の勅撰和歌集
詩歌	和漢朗詠集	藤原公任	1018年頃	朗詠に適した約800首を収録
物語	竹取物語	未詳	10世紀初め	物語文学の最初。伝奇物語
物語	伊勢物語	未詳	10世紀中頃	在原業平の歌を中心とした短編物語集
物語	宇津保物語	未詳	10世紀後半	左大将の娘・貴宮をめぐる結婚譚
物語	落窪物語	未詳	10世紀後半	貴公子と結婚して幸せになる物語
物語	源氏物語	紫式部	11世紀初め	54帖に及ぶ現存最古の長編小説
日記・随筆	土佐日記	紀貫之	935年頃	最初のかな日記
日記・随筆	蜻蛉日記	藤原道綱の母	974年頃	最初の女流日記文学
日記・随筆	枕草子	清少納言	1001年頃	宮廷生活を回想した随筆
日記・随筆	和泉式部日記	和泉式部	1007年頃	約150首の歌を中心にした歌日記
日記・随筆	紫式部日記	紫式部	1010年頃	宮廷生活の日記と消息文
日記・随筆	更級日記	菅原孝標女	1060年頃	自伝的な回想録

花開くに至った。式部もまた、こうした作品に心躍らせ、出会いと別れに傷つきやすい、鬱々とした日常から解き放たれることもあっただろう。ときには、懐かしい古の世を知り、曽祖父の時代の栄光に想いを馳せていたのかもしれない。『蜻蛉日記』はファンタジックな「古物語」ではなく「身の上」というリアルを書くのだとプロローグで宣言している。式部は、蓄積された文才と繊細な心で以て、リアルな人間模様を綴った「新しい物語」を書こうとした、それが『源氏物語』ではなかったか。

「かな文字」は、かな文学の隆盛のみならず、式部の『源氏物語』創作を自由で豊饒な世界にさせていたはずである。

Q43

『源氏物語』の最新研究やこれから注目されることとは？

成立から100年を迎えた平安末期には、『源氏物語』の研究が始まっている。「三蹟」でも有名な藤原行成《ゆきなり》の末裔である世尊寺伊行《せそんじこれゆき》による『源氏釈』という註釈が嚆矢《こうし》である。同書は、『源氏物語』が引用している文献をまとめたものだ。以来、各時代、種々さまざまな研究が重ねられてきた。近年では、平成20年（2008）の「源氏物語千年紀」に、飯島春敬《いいじましゅんけい》旧蔵飯島本の池田和臣《かずおみ》氏による再調査が行われた。また行方不明とされていた大沢本の所有者からの依頼を受けた伊井春樹《いいはるき》氏による鑑定と報告もなされている。令和元年（2019）には、若紫巻の定家本が発見され、現在では鎌倉時代末期の住吉神社の神主であった津守国冬《つもりくにふゆ》及び伝承筆者による国冬本源氏物語の研究も盛んだ。学界で多いのは、作中のある語句の統計をとり、その傾向を明らかにしようとするもの。そうした研究以前に、『源氏物語』には、詳密な註釈本が存在しない。あまりにも長大すぎるため、この制作はプロジェクト化し、多数の研究者で巻々を分担して行うなどの工夫が必要である。

今後は、「『源氏物語』研究が『源氏物語』に留まらないこと」が大切である。例えば、『源氏物語』と周辺ジャンルの日記文学や和歌、他の物語や随筆と比較して明らかになる、『源氏物語』の特筆すべき点、上代（奈良時代）や中世（鎌倉〜室町・桃山時代）の文学との影響関係、『源氏物語』の中の地理、「古代官道」との関係、古代の疾病や医療の実態、物の怪調伏の実状、物語世界に書かれた自然現象と気象学（石井和子氏）、あえて書かれている日付が暗示するもの、登場人物とジェンダーなど、学際的交流が必要ではないか。

ちなみに、近年、『更級日記』の書き手である孝標女《たかすえのむすめ》が、寛仁4年（1020）に、父の上総介任期満了に伴い帰京する道行きを綴った「旅の記」において、古代官道をどう進んだか、古代の地形や風景はどうであったかを、地誌等で明らかにし、彼女の文章を具体的に裏付けるといった研究もある（柴田まさみ氏）。こうした研究は、文学者の視点だけではなく、史学や地理学、郷土史家の知見も必要だが、それゆえに発見も多い。研究以外では、「高校教育で古典は必要か」という激論が交わされている。

賛否両論あるが、古語から日本語の成り立ちや古代文化を知り、それらをICTや文献探索、フィールドワークで学際的に探究して、現代を客観視することは、重要ではないだろうか。

紫式部略年表

元号(西暦)	年齢	出来事
天禄元年(970)	1	この頃に誕生か(諸説あり)
貞元2年(977)	8	父・為時が文章生となる
長徳元年(995)	26	実の姉を失う
長徳2年(996)	27	父・為時の赴任地である越前に下向
長徳3年(997)	28	藤原宣孝と和歌をやり取りする
長徳4年(998)	29	宣孝と結婚する
長保元年(999)	30	賢子を出産する
長保3年(1001)	32	夫・宣孝が死去する
		『源氏物語』の執筆開始か
寛弘3年(1006)	37	中宮彰子に出仕(寛弘2年説あり)
寛弘5年(1008)	39	中宮彰子に『新楽府』を進講
		藤原道長と女郎花の歌を贈答
		藤原道長が『源氏物語』の草稿を持ち去る
寛弘6年(1009)	40	藤原道長と「好きもの」の歌を贈答したのはこの頃か
寛弘7年(1010)	41	『紫式部日記』執筆
長和2年(1013)	44	『紫式部集』を編集
寛仁3年(1019)	50	藤原実資と接触か

3章

遷都から始まる平安時代の謎

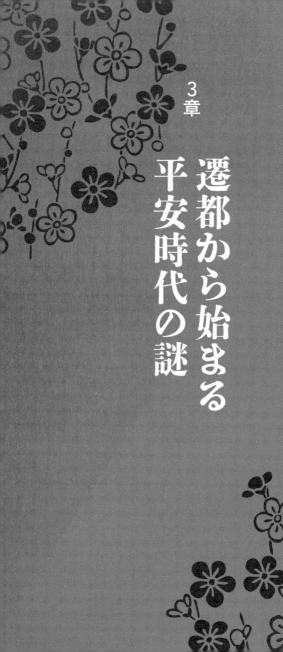

Q44 400年も続いた平安時代はどんな時代だったのか？

延暦《えんりゃく》13年（794）、桓武天皇は仏教政治の弊害打破、天皇権力の強化などを目的に平安京への遷都を行った。これ以降、源頼朝が鎌倉に幕府を開く12世紀初めまでの約390年間を一般的に平安時代と呼ぶ。平安時代は大きく前期・中期・後期に分けられる。

遷都で始まった前期は、桓武天皇や平城《へいぜい》天皇、嵯峨天皇などによって政治再建政策や地方支配の強化が進められた。格式《きゃくしき》（法令）の編纂などの法整備や、東北地方の蝦夷《えみし》征討、勘解由使《かげゆし》（国司交代の不正を防ぐ職）設置による地方の国司に対する監督が強化される。奈良時代後期から不安定になっていた律令《りつりょう》政治の立て直しが図られた時期だ。また最澄や空海らによって伝えられた天台宗・真言宗が広まり、密教が盛んになっていった。

中期を特徴付けるものは摂関政治（Q7）である。この頃は藤原四家の中でも特に北家《ほっけ》の力が強くなっていた。藤原冬嗣《ふゆつぐ》は娘を仁明《にんみょう》天皇の后として外戚政策を始める。冬嗣の子・良房《よしふさ》は清和天皇の摂政となり、その後、実頼《さねより》が関白に就任して以降は摂政・関白が常

平安京への遷都を進めた桓武天皇（東京国立博物館蔵／ColBase）

置され、北家がその地位を独占した。文化面ではそれまで唐から吸収してきた文化と日本在来の文化の融合が進み、「国風《こくふう》文化」と呼ばれる新たな文化が形成されていった。

後期は院政《いんせい》の時代である。摂関家を外戚としない後三条天皇が即位するが、わずか4年で子の白河天皇に譲位。白河天皇もそれに倣って堀河天皇に譲位し、自らは上皇として政治を主導していく。これが院政の始まりであり、以降約100年間、この体制が続くことになる。またこの時期には武士が台頭し、平氏や源氏を中心とした武士団が各地で成長していった。武士の成長は文化にも影響しており『将門《しょうもん》記』や『陸奥《むつ》話記』などの軍記物語、武士や庶民の生活を描いた『今昔《こんじゃく》物語集』などが著された。

Q45

平安時代の始まりとなった遷都はなぜ行われた?

奈良時代後期には肥大化した仏教勢力の政治介入が激しくなり、道鏡《どうきょう》のように皇位を狙う僧まで現れるようになっていた。天応《てんおう》元年(781)に即位した桓武天皇はそれまで続いていた天武天皇系ではなく天智天皇系の皇統であり、渡来系氏族出身者を母としたため、権力基盤は脆弱であった。その基盤強化や仏教勢力の排除、皇統が変わったことによる人心の一新などを目的に、桓武天皇は遷都を決意する。新都の地に選ばれたのは山背《やましろ》国乙訓《おとくに》郡長岡村だ。ここは渡来系氏族との関係も深い地であり、山陽道と山陰道が通り、桂川、宇治川、木津川の合流点も近くにあるなど水陸交通の要衝でもあった。延暦3年(784)に長岡京への遷都が始まる。しかしこの遷都には反対の動きも強く、造営を主導していた藤原種継《たねつぐ》が暗殺される事件まで起こってしまった。また水害の多発地域でもあり、これが種継暗殺に関わったとされて死に追いやられた早良《さわら》親王の怨霊の仕業ともいわれていた。

和気清麻呂《わけのきよまろ》の建議もあって桓武天皇は再遷都を計画。延暦13年(794)、長岡京の北約

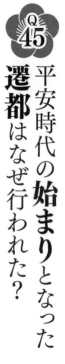

平安京への遷都

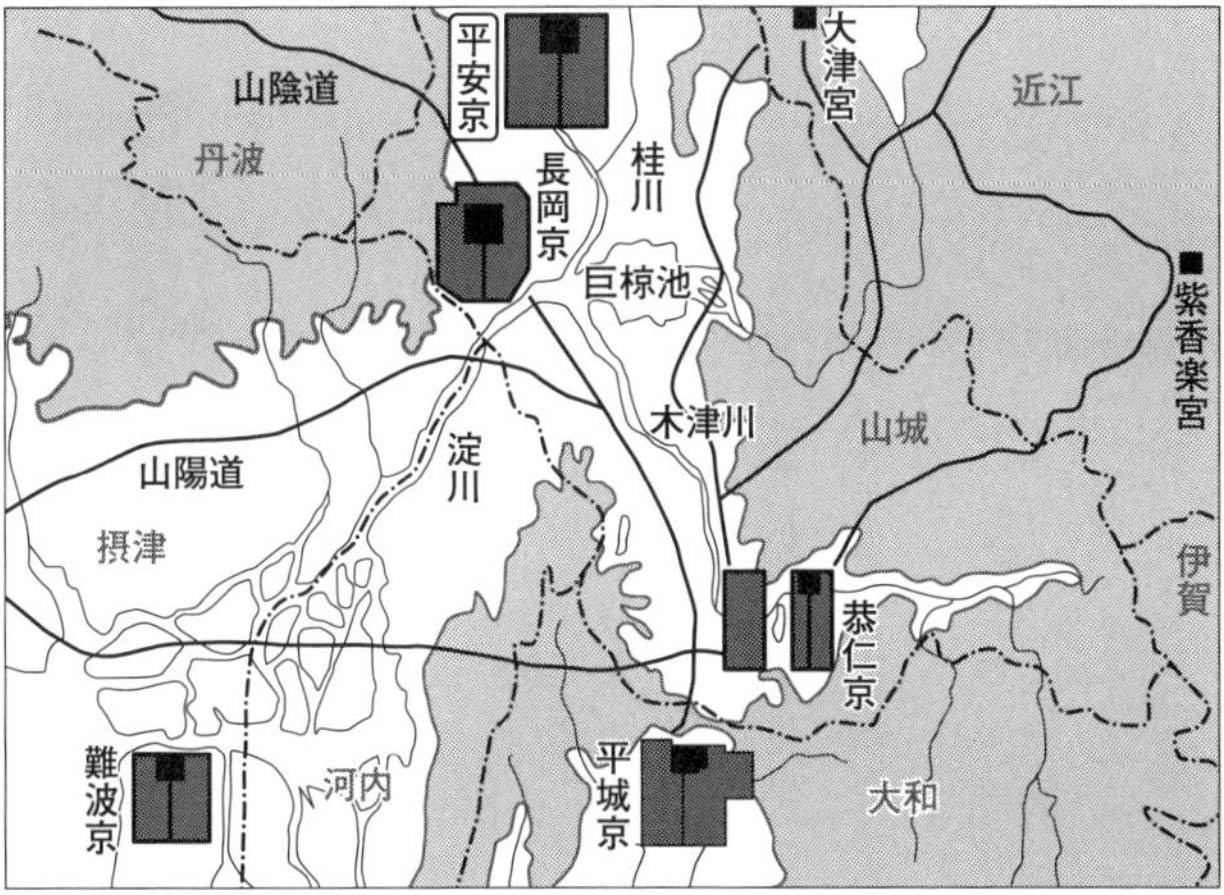

3kmに位置する山背国葛野《かどの》郡宇陀《うだ》村に新都を造営した。ここは桂川と鴨川が交わる扇状地の高台で水害のおそれが少なく、水運の便もよい土地であった。これが平安京の始まりであり、平清盛による福原遷都の期間を除いて、明治維新までの約1100年間、日本の首都であり続けた。

平安京という名前は「永遠に平和で安らかであるように」という願いをこめて桓武天皇が名付けたといわれる。同時に「山背国」は「山城国」と改称。平城京時代のこの地は都の背後の地として「背」の文字があてられていた。また桓武天皇の詔には「山河襟帯《さんがきんたい》にして自然に城を作《な》す」とあり、改称はその地形にも由来している。

Q46

天皇を支える補佐役 摂政・関白の違いは？

一般に摂政とは天皇が幼少のときにその職務を代行し、関白は天皇の元服後にそれを補佐するものだ。摂政が職務代行で、関白が補佐であるという点で両者の役割は厳密には異なる。古くは厩戸皇子《うまやとのおうじ》が推古天皇の、中大兄皇子《なかのおおえのおうじ》が斉明天皇の、草壁皇子《くさかべのおうじ》が天武天皇の摂政として職務を代行した事例があり、いずれも皇太子によるもので「皇親摂政」といわれる。これに対し平安時代以降は「人臣摂政」という臣下出身の者が摂政を務めた。

天安《てんあん》2年（858）、文徳《もんとく》天皇が32歳で死去し、わずか9歳の清和天皇が即位する。律令国家では、天皇は国家の頂点に君臨して政務の最終決定権を持つ。そのため成人後に皇位を継承するのが通例であった。年少の天皇では政務の判断はできないため、清和天皇の外祖父であった藤原良房が摂政となって清和天皇の職務を代行した。これが人臣摂政の始まりである。一方の関白は藤原基経《もとつね》が宇多天皇を補佐したことがその最初だとされる。

摂政の主な職掌には①官奏《かんそう》の処理、②叙位・除目《じもく》の主催、③詔書《しょうしょ》の御画日《ごかくじつ》・御画可《ごかくか》の代

筆などがある。官奏とは太政官《だいじょうかん》からの奏上やその文書のことである。通常は太政官が処理するが、重要案件などは太政官から天皇に奏上され、その決裁を仰いだ。叙位とは位階を、除目とは官職を授与する儀式である。詔書とは臨時に出される天皇の命令書で、太政官から奏上された文書案に日付や天皇の許可を意味する「可」の文字を記入することだ。

関白の主な職掌としては①文書内覧、②一人諮問などがある。文書内覧とは天皇に奏上される事案を事前に確認することである。まず関白のチェックを受け、それを通過した文書のみが天皇に奏上されるのだ。一人諮問は天皇が重要案件を決裁する際、その相談相手となって意見具申をすることである。清和天皇の即位以降、天皇が幼少で即位するケースが増えてくる。天皇の母方の祖父や伯（叔）父などの外戚が摂政や関白となって職務を代行したり補佐するようになった。外戚がそれを務めた背景には、当時の貴族社会の慣行が存在する。夫婦は妻方の家で暮らし、生まれた子は妻の父（外祖父）が養育・後見するというものだ。摂政・関白には天皇の外戚という条件が不可欠だったのである。

このため多くの貴族は競って娘を后妃にしようとし、天皇も有力貴族とのつながりを求めるようになる。また天皇の生母は后妃選定に大きな影響力を持っていた。このため摂政や関白の地位は、次第に特定の一族に限定されるようになっていくのである。

Q47

平安人たちが思っていた日本の国境はどこからどこまで?

宮中の年中行事の一つに、大晦日に行われた「追儺《ついな》」がある。疫鬼《えきき》や疫神《えきじん》を払う儀式で、その際には陰陽師《おんみょうじ》が「祭文《さいもん》」を読み上げていた。その祭文の中には疫鬼に対して日本の東西南北の国境外へ退去を命じる一文がある。それによると東の国境は陸奥国（青森県)、西は値嘉島《ちかのしま》（長崎県・五島列島)、南は土佐国（高知県)、北は佐渡国（新潟県）となっている。当時はこれが四方の国境と認識されていたのだ。北海道や南西諸島は含まれていない。古い日本地図である「行基図《ぎょうきず》」にも南西諸島は描かれておらず、現代よりもずっと狭いエリアが日本の国土だと思われていたのだ。

しかし7世紀頃の貴族層には北海道の存在は認識されていたようで、阿倍比羅夫《ひらふ》による東北の蝦夷攻略以降、北海道地域は「渡嶋《わたりしま》」「渡嶋狄《えぞ》」などと呼ばれていた。また12世紀前半に成立した『今昔物語集』には、北海道のさらに北に、海を挟んで陸続きのサハリンやシベリアがあると思われていたことをうかがわせる記述もある。

Q48 蝦夷と朝廷の間で続いた最終決戦「38年戦争」とは？

7世紀中頃以降、支配領域拡大を目指していた朝廷は、東北の蝦夷との間にたびたび摩擦を引き起こしていた。宝亀《ほうき》5年（774）、陸奥国の海道蝦夷が蜂起して桃生《ものう》城を襲撃、朝廷は大伴駿河麻呂《おおとものするがまろ》を派遣して制圧する。これが38年戦争の始まりとなる。宝亀11年（780）に伊治呰麻呂《これはりのあざまろ》が反乱を起こす。藤原小黒麻呂《おぐろまろ》が派遣され、いったんは沈静化した。

延暦8年（789）、征東将軍・紀古佐美《きのこさみ》が蝦夷の拠点・胆沢《いさわ》の攻略を企図するが、阿弖《あて》流為《るい》を大将とする蝦夷軍に大敗した。延暦13年（794）に大伴弟麻呂《おとまろ》による蝦夷征討が行われ、延暦20年（801）には征夷大将軍・坂上田村麻呂《さかのうえのたむらまろ》が阿弖流為を降伏させて胆沢地方の制圧に成功する。

弘仁《こうにん》2年（811）、文室綿麻呂《ふんやのわたまろ》による征討で蝦夷の組織的な抵抗が終了。38年に及ぶ戦いは終結した。なお征夷大将軍とは、蝦夷征討のために朝廷が臨時に派遣する軍隊の総指揮官のことだが、源頼朝が任じられて以降は武家政権の首長を指すようになった。

Q49

死人と病人が放置される京 雅な平安京の姿は物語の中だけ？

十二単衣を纏った煌びやかな女性、貴族を乗せた牛車がゆるやかに行き交う往来、鴨川や桂川の穏やかで清らかな水流…。平安京と聞くと、多くの人が『源氏物語絵巻』に描かれるような、そんなイメージを抱くのではないだろうか。しかし、それはほんの一面にすぎない。現実の平安京は、そんな華麗で優雅なものではなかった。

東西約4・5㎞、南北約5・2㎞、面積約23・4㎢の平安京。南北を貫く約3・8㎞の朱雀大路を中心に左右対称の都市構造を持っていた。その朱雀大路の道幅は83・5ｍもあり、道路というより広場に近かった。交通量もさほど多くはなく、平安時代中期には、道路を耕作して畑にする者や牛馬の放牧をする者まで現れた。

衛生状態も良くなかった。特にひどかったのは糞尿などの排泄物だ。庶民の場合は必ずしも各戸にトイレがあったわけではなく、空き地や側溝などでの「路傍排便」が一般的だった。悪臭もかなりのもので、肥料に転用することもなく、市中に散らばった糞尿の始末を

『餓鬼草紙』に描かれた平安京の共同トイレ。糞尿で汚れないように高下駄を履いている（東京国立博物館蔵／ColBase）

検非違使《けびいし》が行ったという。また当時は災害や飢饉、疫病が多く、死者も多かった。市中に放置されたまま腐敗していった死骸も多く、鳥や犬に食われるものもあった。死骸の一部を犬がくわえて貴族の邸内に持ち込むこともあったようだ。病人を屋外に放置することも日常的なことで、そのまま死に至るケースも少なくなかった。

　現代のような死骸処理の方法がなかった当時、死骸は鴨川の河原や平安京の諸門に遺棄されていた。『続日本後紀』には鴨川に遺棄された約5500もの髑髏を処理させた話が、『日本紀略』には待賢《たいけん》門に遺棄された死骸を餓えた女が喰らうという凄惨な情景が記述されている。

Q 50

命がけで大陸の文化を学んできた遣唐使が廃止された理由とは?

遣唐使は630年から寛平《かんぴょう》6年(894)まで、使節が20回任命され、そのうち16回が派遣されている。当時の東アジアには唐を中心とする国際秩序が存在していた。広大な領域を支配していた唐は新羅《しらぎ》や渤海《ぼっかい》など東アジア諸国のほか、西アジアなどとの交流も活発だった。都の長安(現・西安)は世界を代表する都市となっており、国際色豊かな文化が展開されていた。

遣唐使を通じて、唐の先進的な政治、文化、文物が日本に伝えられた。これらは古代日本の国家体制や文化に大きな影響を与えている。シルクロードの文化・文物も伝えられ、それらの中には奈良の東大寺正倉院に残されているものもある。正倉院は「シルクロードの終着点」といわれることもあるほどだ。寛平6年、遣唐大使に任じられた菅原道真は、遣唐使派遣の是非について再検討を提案している。当時は造船や航海の技術も未熟で遭難が多かったことや財政上の理由などもあるが、唐の衰退という事情も大きく影響してい

『源氏物語図屏風』にある絵合の場面。左側の箱は敷物に唐錦、打敷に唐の綺が使われ、右の箱には高麗の錦が使われている。このように当時は舶来の品が珍重されていた（東京国立博物館蔵／ColBase）

る。8世紀中頃の唐では擾乱《じょうらん》が起きている（安《あん》史《し》の乱）。これ以降の唐は混乱と疲弊が続いており、道真はそのことを唐滞在の僧・中瓘《ちゅうかん》から報告を受けていたのだ。また一方で、9世紀以降は唐や新羅などの商人との民間貿易が活発になっており、経済的欲求も満たされていた。国費を投じ、遭難のリスクを冒してまで遣使する意義がなくなっていたのである。こうして承和《じょうわ》5年（838）の派遣を最後に、以降は遣唐使が派遣されることはなかった。

しかし遣使がなくなってからも中国や朝鮮諸国との民間貿易や文化的交流は盛んに行われ、書籍や高級絹織物、陶磁器などが多く輸入された。これらの舶来品は「唐物《からもの》」と呼ばれ、貴族社会では大いに珍重されたようである。

Q51 国司の横暴を訴えた百姓の手紙が残っている？

10世紀になると地方の国司は任国で、民衆への課税率をある程度自由に決めることができるようになっていた。そのため中には私腹を肥やして巨利をあげる者も現れてくる。朝廷の儀式や寺社の造営の費用を負担し、その代償として国司などの官職を得ることが常態化しており、それが任国での苛政《かせい》にもつながっていたのだ。中央政府の官職からあぶれた貴族の中には地方の国司に任じられることを望む者も多かったのである。

しかしそのような強欲な国司は、しばしば民衆から訴えられることがあった。その一人が尾張守・藤原元命《もとなが》である。永延《えいえん》2年（988）、尾張の郡司や百姓が上京して「尾張国郡《ぐん》司百姓等解文《じひゃくしょうらのげぶみ》」という31カ条にわたる訴状をもって元命の暴政を訴えた。

訴状には極端な増税、法外に安い価格での産物の買い上げ、田の面積を実際の何倍にも算定して課税するなどのほか、京から連れて来た「不善《ふぜん》の輩《ともがら》」の法外な行為などが書かれている。朝廷は訴えを取り上げ、元命は解任された。

Q52 平安時代の王朝を支えた受領とはいったい何か？

9世紀後半になると税の未納や遅延、粗悪化が問題となった。農民による徴税忌避や、国司などによる横領や徴税の怠慢などがその原因である。これは律令国家にとっては国家運営の財源不足につながる大問題であった。徴税を厳しくするよう国司にプレッシャーを与えてもなかなか改善しなかった。その対策として導入された制度が国司受領制である。

国司の中でも最上席、多くは「守《かみ》」が受領となった。中央政府は徴税や検察などの権限を受領に付与し、直接の介入はひかえるようになる。それによって受領の権限は著しく強化されることになった。受領の責任のもとで地方行政が行われるようになり、同時に一定額の徴税が可能となって、律令国家の財政を支える役割を果たすようになったのである。

しかし受領の中には強欲な者もいて、私腹を肥やすために民衆から厳しい収奪を行う受領も現れる。尾張の藤原元命のように民衆から訴えられるケースもあった（Q51）。任期中に富の蓄積を行う者も増え、受領は一つの利権とも化していった。

Q53 せっかく自分で開拓した荘園を貴族や寺社などに寄付した理由は？

律令時代は土地や人民の私有は認められず、いずれも国家の所有であった。戸籍に登録された公民には既墾地が口分田《くぶんでん》として与えられ、死亡すれば収公する制度がとられていた（班田収授法）。しかし人口増加とともに口分田が不足、政府は耕作地の拡大のため、養老《ようろう》6年（722）に百万町歩の開墾計画を立てる。さらにその翌年には、新たに開墾した土地は3代にわたって私有を認めるという三世一身法《さんぜいっしんのほう》を出した。しかし収公期限が近づくとその土地が荒廃してしまうデメリットもあった。そこで天平15年（743）に出されたのが墾田永年私財法《こんでんえいねんしざいほう》である。自ら開墾した土地の私有を永久に認めるもので、有力な貴族や寺院、地方豪族などによる開墾が進んだ。これが荘園の始まりであり、墾田地系荘園（初期荘園）と呼ばれる。こうして土地の国家所有や班田制は崩壊していくことになる。

10世紀になると、政府は国司に一定額の納税を請け負わせるかわりに任国の統治をまかせるようになる。国司は田堵《たと》と呼ばれる有力農民に耕作を請け負わせ、徴税の対象とした。

田堵の中には国司と結びついて勢力を拡大し、大規模な経営を行う大名田堵と呼ばれる者も現れた。大名田堵は、徴税をめぐって国司と対立することもあった。

11世紀には、大名田堵は開発を進めて所領を拡大し、一定地域を支配するまでに成長して開発領主と呼ばれるようになる。領主間では所領拡大の抗争も起こり、武装する者も現れた。さらに税を逃れるために中央の貴族や大寺社に寄進してそれを領主とし、自らは荘園を管理する荘官となって実質的な所領の支配者となっていった。

寄進を受けた者は領家《りょうけ》と呼ばれ、その荘園を守るためにさらに上級の皇族や摂関家に寄進した。重ねて寄進を受けた者は本家と呼ばれた。このような過程を経てできたのが寄進地系荘園である。開発領主が、国司など他の勢力からの干渉を防いで土地の権利確保を図るのが目的だったのだ。寄進を受けた者も一定の得分を得て、その荘園を守るためにひと役買っていたのである。有力者の権威を背景に、不輸《ふゆ》（租税の免除）を認められる荘園や、国司が調査のために派遣する検田使《けんでんし》の立ち入りを認めない不入《ふにゅう》の特権を得る荘園が増えていった。当然政府の税収は減少する。中央の皇族や摂関家も生活基盤の安定のために積極的に寄進を受けるようになり、荘園は拡大していった。こうして土地や人民の私的支配が始まる。この寄進地系荘園は各地に広がり、12世紀には一般的なものとなった。

Q54 公家に取って代わることになる武士はどうやって誕生したのか？

10世紀になると、任期終了後もそのまま任地に土着した国司の子孫や豪族、有力農民などが勢力拡大や自衛のために武装するようになる。彼らは兵《つわもの》と呼ばれた。家子《いえのこ》という一族や郎党《ろうとう》などを率いて争うようになり、国司に反抗することもあった。また畿内などで成長した豪族の中には朝廷の武官となり、武芸をもって貴族に仕える者も現れた。彼らも兵や武士《もののふ》と呼ばれ、相互に交わりながら、武士団という一族の結びつきを中心とした連合体を形成していく。特に良馬の産地である関東は武士団の成長が著しかった。

一方で平将門《まさかど》や藤原純友《すみとも》などによる反乱も起こり、朝廷は鎮圧のために武士を動員するようになる。これらを通じて、朝廷や貴族は武士の実力を認めざるをえなくなった。彼らを侍《さむらい》として奉仕させ、「滝口の武士」のように宮中警護や貴族の身辺警護、市中の警護にあたらせるようになった。なかでも中央貴族の血筋にあたる桓武平氏や清和源氏は、棟梁《とうりょう》と仰がれるようになり、地方武士団を広く組織した武家を形成して勢力を拡大していった。

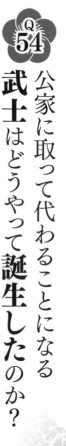

Q55 新皇を名乗った平将門は本当に関東での独立を考えたのか?

天慶《てんぎょう》2年（939）、常陸国の藤原玄明《はるあき》が受領・藤原惟幾《これちか》と対立。これに平将門が介入したことが平将門の乱の直接的なきっかけとなった。将門は常陸国の国府を襲撃、惟幾や朝廷からの使者を降伏させ、印鎰《いんやく》（印鑑と倉庫の鍵）を奪った。その後、将門は下野国や上野国でも印鎰を奪って国司を追放し、自分の兄弟や有力郎党などを関東8カ国の国司に任命した。これらは天皇の権限を侵害するもので、将門は朝廷から謀反人と見なされる。将門は平貞盛《さだもり》や藤原秀郷《ひでさと》らに討ち取られ、その首は京の東市にさらされた。

『将門記』によると、将門は自らを「新皇」と称し、関東での独立を企図していたという。しかし『将門記』は作者による脚色の可能性も指摘されており、研究者によって見解が分かれる。同じ頃に将門は、年少時に仕えていた藤原忠平《ただひら》に書状を送っている。書状は忠平への敬慕の念に満ち、自らの行為の正当性などを訴える内容のものだ。そこからは謀反の意図がないことや、朝廷の将門に対する懐柔策を期待する様子もうかがえる。

Q 56 源氏が東国で勢力を伸ばしたことで奥州藤原氏が誕生した？

長元《ちょうげん》元年（1028）、上総国の前上総介・平忠常《ただつね》が乱を起こした際、その平定にあたったのが甲斐国の国司に任じられた源頼信《よりのぶ》である。このことが源氏が東国に進出するきっかけとなった。その後、源氏の東国進出を決定づけたのが前九年合戦と後三年合戦である。

当時陸奥国で勢力を誇っていた豪族・安倍頼時《あべのよりとき》は国司と対立しており、頼信の子・頼義《よりよし》が陸奥守兼鎮守府将軍として派遣される。頼時は、一時は帰順するも再び乱を起こし、朝廷は頼時追討の宣旨を出した。ここに前九年合戦が始まる。戦いは長期化するが、頼義は出羽の豪族・清原氏の支援を得て康平《こうへい》5年（1062）、安倍氏を滅ぼした。そして永保《えいほう》3年（1083）、頼義の子・義家が陸奥守となる。

その後、安倍氏にかわって陸奥国や出羽国で勢力を得た清原氏に内紛が起こる。清原真《さね》衡《ひら》と家衡《いえひら》が争い、真衡の死後、家衡は異父兄弟・清衡《きよひら》と争った。義家は清衡を支持して家衡と戦った。これが後三年合戦である。義家は朝廷から家衡追討の宣旨を得られず、苦戦

安倍・清原・藤原氏関係図

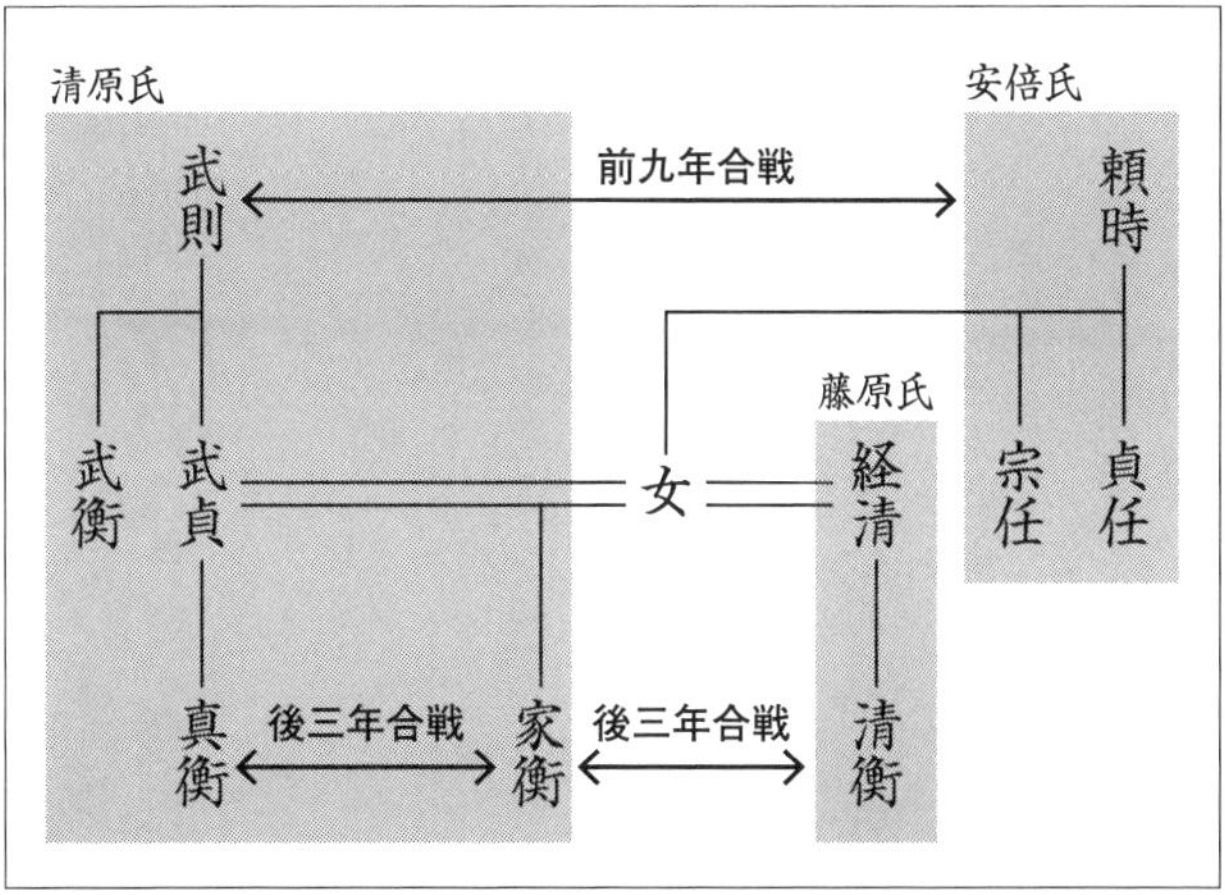

の末に家衡を討ち取る。しかし朝廷からは義家の私合戦と見なされ、恩賞は与えられなかった。義家は私財を投じて武功のあった武士に恩賞を与えた。これによって源氏は東国の武士団と主従関係を強め武士の棟梁としての地位を固めていくのである。

一方の清衡は陸奥・出羽押領使《おうりょうし》（盗賊や叛徒を平定）に任じられ、奥羽地方の実質的な支配者となり、父・経清《つねきよ》の姓である藤原を名乗った。これが奥州藤原氏の始まりである。清衡は平泉を拠点に勢力を拡大し、金や馬などの産物で得た富によって摂関家や院と交流を持つようになる。京都の文化を移入しつつ北方とも交易し、独自の文化を築きながら、基礎を固めていった。

Q57 わざわざ天皇を辞めて行う院政のメリットはどこにあった？

治暦《じりゃく》4年（1068）、摂政・関白を外戚としない後三条天皇が即位する。約170年ぶりに摂関家を外戚としない天皇の誕生だった。しかしその4年後には白河天皇に譲位し、上皇の事務機関である院庁《いんのちょう》を設置して政治を主導するが、翌年に死去。そして白河天皇は応徳《おうとく》3年（1086）に堀河天皇に譲位する。堀河天皇はまだ8歳だったため、白河が上皇として天皇を後見しながら院庁において政治の実権を握った。これが院政の始まりである。院とは本来は上皇の住居を意味するが、次第に上皇自身を指すようになっていく。

では譲位してまで行う院政には、どんなメリットがあったのか。一つは自らの皇統を確立できるという点だ。十分に実力のあるうちに譲位することで父権によって後継者を選定でき、それを継承できるのだ。また皇位継承者の決定権は大きな権限であり、それを背景に摂関家や貴族などを服従させることができる。

さらに天皇の位から退くことで、儀式や典礼、慣例などの煩雑な制約から解放されて自

院庁の機構

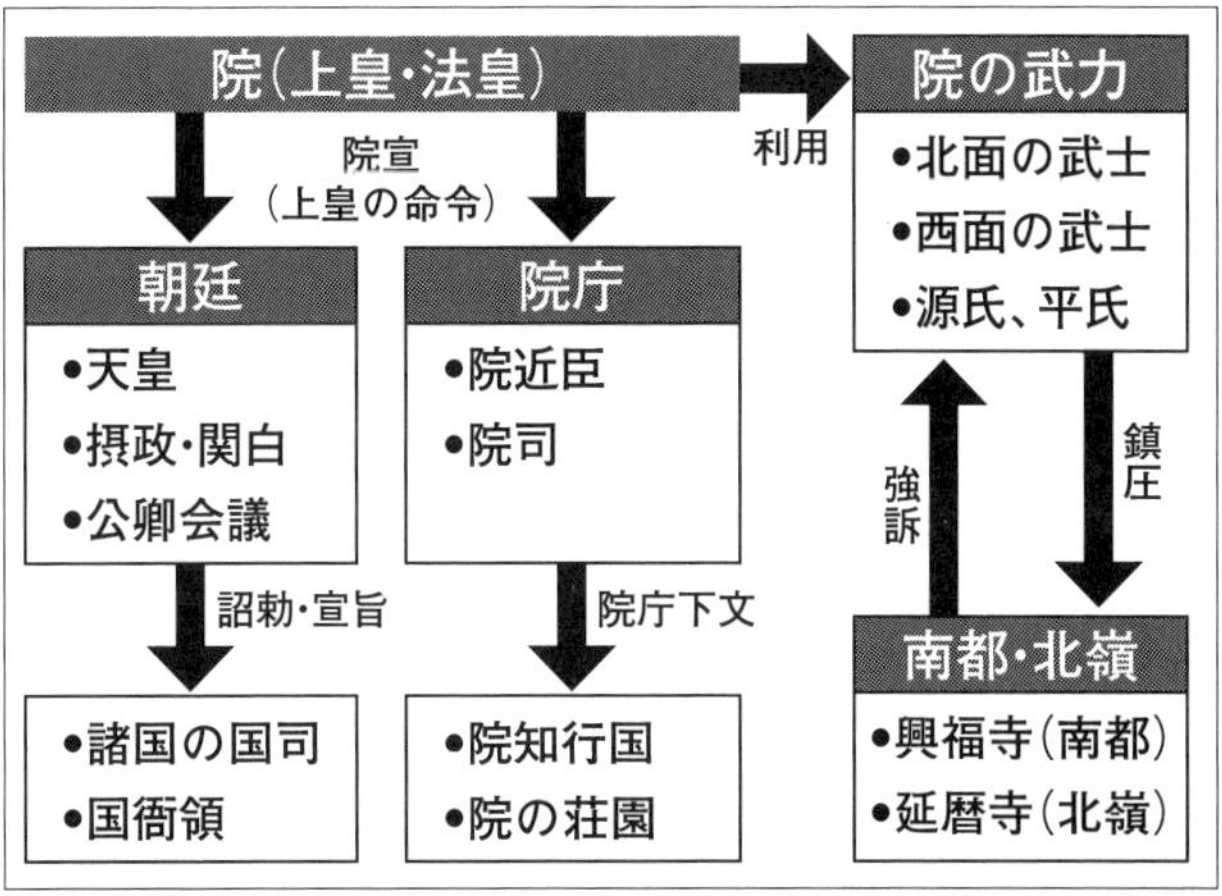

由に政治を行うことができ、院庁の職員である院近臣（上皇の側近）や院司《いんし》（院庁の職員）も、家格などに関係なく有能な人材やお気に入りの人材を登用できた。

そして財力だ。上皇として専制的な権力を握ると、各地の国司の任免権も掌握できる。院近臣にその地位を与え、各地の公領（国司が管理する土地）からの利益の一部を院に献金させることができた。また寺院の建立もできたため、その寺院に荘園を持たせて利益を得ることができる。天皇は私有地を持つことができないため、このような蓄財ができない。

しかしその地位を退くことで大きな富を得ることができるのである。

Q58

信西が院政期に黒幕として絶大な影響力を誇れたのはなぜか？

信西《しんぜい》は、藤原武智麻呂《むちまろ》を祖とする藤原南家《なんけ》に生まれた。出家前の名前を通憲《みちのり》という。南家は学問を担う家柄で、家格は高くなかった。通憲が6歳のときに父・実兼《さねかね》が急死し、通憲は高階《たかしな》家の養子となる。高階家の家格も高いとはいえず、学者を目指していた通憲だったが、世襲社会における家格の壁に阻まれていた。しかし鳥羽上皇の寵臣・藤原家成《いえなり》と親交ができたことや、妻・朝子が鳥羽上皇の第4皇子・雅仁《まさひと》親王（のちの後白河天皇）の乳母になったことなどから、通憲は鳥羽上皇に接近できるようになる。通憲の学識を高く評価した鳥羽上皇は、院御所《いんのごしょ》に昇殿できる役職を通憲に与えた。天皇の御所と異なり、上皇の院御所は家格などの縛りは厳しくなかったのだ。

天養《てんよう》元年（1144）、通憲は出家して名を信西と改める。同時期に鳥羽法皇（1141年に出家）から藤原姓に戻ることを許され、法皇の政治顧問となった。家格は低かったが出家することで世襲社会のしがらみから解き放たれ、かえって自由に行動できたのである。

保元の乱の対立関係図

信西（藤原通憲）　支持→　天皇家

	勝利		敗北
天皇家	後白河天皇（弟）	×	崇徳上皇（兄）
藤原氏	藤原忠通（兄）	×	藤原頼長（弟）
源氏	源義朝（兄）	×	源為義（父）・為朝（弟）
平氏	平清盛（甥）	×	平忠正（叔父）

近衛天皇の死後、皇位継承問題においても暗躍し、後白河天皇の即位に貢献している。保元《ほうげん》元年（1156）に鳥羽法皇が死去すると、鳥羽法皇と対立していた崇徳《すとく》上皇が実権を奪おうと動き始める。後白河天皇の側近となっていた信西は先手を打ち、平清盛や源義朝らを動員して上皇側を挙兵に追い込み、これを撃ち破った。これが保元の乱である。崇徳上皇の讃岐配流など、信西はその戦後処理にもあたった。

朝廷の権力闘争を武力で解決するということは前代未聞であり、信西が存在感を示した出来事でもあった。乱後、信西は清盛の武力を背景に、政治の主導権を握ることになった。

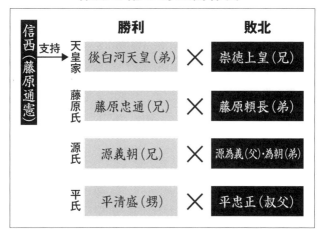

Q59

平清盛はどのようにして平氏の全盛期を築きあげたのか？

保元元年（１１５６）に起こった保元の乱は、崇徳上皇と後白河天皇の天皇家内の対立と、藤原忠通と頼長の摂関家内の対立に起因するものだった。この争いに平清盛や源義朝などが後白河側で参戦して勝利する。特に戦功の大きかった清盛は播磨守に任じられた。

平治《へいじ》元年（１１５９）、院近臣・信西に反感を抱く藤原信頼が義朝と結んで、清盛が熊野参詣で留守のすきにクーデターを敢行。信西を殺害するが清盛によって鎮圧されてしまった。信頼は斬首され、義朝は東国に逃れる途中で討ち死にする。これが平治の乱である。これで源氏は一気に弱体化し、清盛は平氏政権樹立の足がかりを得ることになった。

後白河上皇の信任を得た清盛は内大臣、太政大臣と武士としては異例の出世を遂げる。清盛は娘の徳子《とくし》を高倉天皇に嫁がせ、その子の安徳《あんとく》天皇が即位すると外戚として摂関家と同様の地位を得て権勢を振るった。また清盛は多くの知行国と荘園を所有し、日宋貿易にも力を入れて経済的基盤も盤石にしていった。これらの手法は摂関家と通じるものがあり、

1180年頃の平氏の知行国

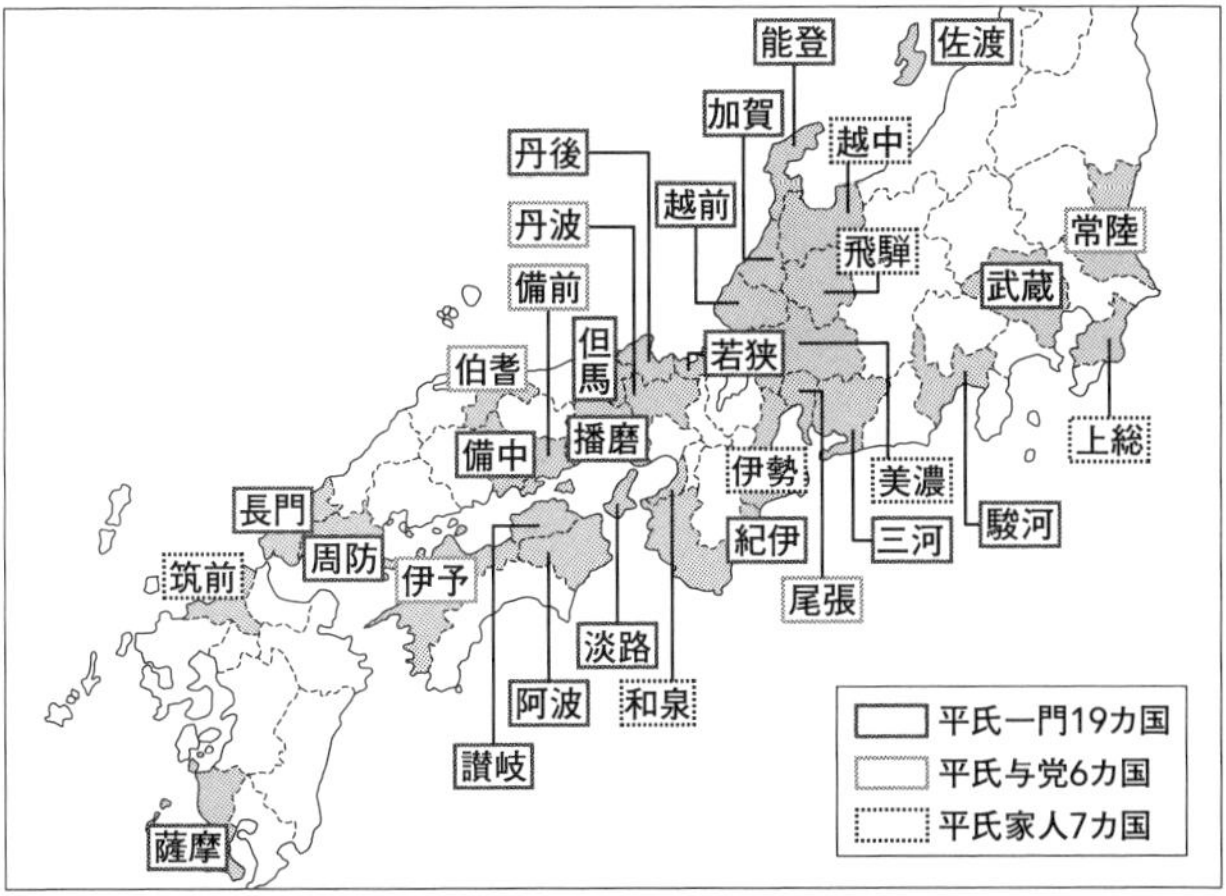

平氏政権は武士でありながら貴族的性格の強いものだったようだ。

平氏による官職の独占や専横は反平氏勢力との対立を表面化させた。その一つが安《あん》元《げん》3年（1177）の鹿ヶ谷事件だ。後白河法皇の近臣・藤原成親《なりちか》や僧の俊寛《しゅんかん》などが京都郊外の鹿ヶ谷で平氏打倒の密談をしたとされるもので、密告により発覚。清盛はこれを一網打尽にして関係者を処罰した。

そして清盛は後白河法皇を幽閉して院政を停止、多くの貴族の官職を奪うなどの強圧的な手段に出る。これで平氏は国家機能のほとんどを掌握することになったが、かえって反対勢力の結束を強めてしまう結果となった。

Q60

栄華を極めた平氏を源氏が打倒できたのはなぜか？

平治の乱後、武家の棟梁としての平清盛の地位と権力は一気に高まった。平氏一門によって高位高官が独占されたが、それによって排除された勢力からは強い反感を買うことになった。清盛は娘の徳子を高倉天皇に嫁がせ、その子の安徳天皇の外戚として権勢を振るう。しかし同時に後白河法皇や貴族らとの関係も悪化していき、安元3年（1177）、院近臣が平氏打倒を計画したとされる、鹿ヶ谷事件で対立は深刻化した。清盛は後白河法皇を幽閉して院政を停止、反平氏派の貴族39人を解任するが、それがさらなる平氏への反感を生むことになる。

治承4年（1180）、後白河法皇の皇子・以仁王《もちひとおう》が平氏打倒の兵を挙げる。以仁王は敗れて討ち死にするが、全国の源氏に平氏追討の令旨《りょうじ》（命令書）を発した。これに伊豆の源頼朝や木曽の源義仲《よしなか》などが呼応、各地で平氏打倒の挙兵が相次ぎ、5年にわたる源平合戦（治承・寿永の乱）が始まった。

特に長年、平氏の目代《もくだい》（代官）らの支配下にあり、平氏への不満がたまっていた関東の武士たちの多くが頼朝に臣従した。頼朝は緒戦の石橋山の戦いで敗れるが、再起を図った富士川の戦いで平氏に勝利。頼朝は味方した武士に、平氏から奪った領地を与えるなどして求心力を高めていく。一方の義仲は北陸の反平氏の武士を味方につけて勢力を拡大、倶《く》利伽羅《りから》峠で平氏軍を破り、京都に入った。平氏は京都を追われて西国に退く。頼朝は弟の源義経らを西国に派遣し、一ノ谷や屋島で平氏軍を破り、最後の決戦となった壇ノ浦の戦いで勝利した。ここに平氏は滅亡する。

平清盛は細菌感染症にかかり、熱病に苦しみながら亡くなったという。「平清盛炎焼病之図」より（国立国会図書館蔵）

一門の中には「この一門にあらざらむ人は、皆人非人なるべし」と豪語する者もいたほどに栄華を極めた平氏だが、権力の独占や専横振りがかえって反対勢力の結集を促し、滅亡を早めたのである。

平安時代の主な官位相当表

	位階／官職		太政官	八省	国司	後宮
公卿（上達部）	正一位		太政大臣			
	従一位					
	正二位		左大臣 右大臣 内大臣			
	従二位					
	正三位		大納言			尚蔵
	従三位		中納言			尚侍
殿上人	正四位	上				尚膳、尚縫
		下	参議	卿		
	従四位	上	大弁			典侍
		下				典蔵
	正五位	上	中弁			
		下	少弁	大輔、大判事		
	従五位	上	少納言		大国守	掌侍
		下		少輔	上国守	典膳、典縫
地下	正六位	上	大外記 大史	大内記		尚書
		下		大丞	大国介 中国守	
	従六位	上		少丞	上国介	尚殿、尚酒
		下		少判事、大主鑰	下国守	
	正七位	上	少外記 少史	大録		
		下		判事、大属	大国大掾	掌蔵、尚兵、尚闈、尚掃、尚薬、尚水、尚書
	従七位	上			大国少掾 上国掾	
		下		大解部、少主鑰		
	正八位	上		少録、少主鈴	中国掾	典薬、典兵、典闈、典殿、典掃、典水、典酒、掌膳、掌縫
		下		判事少属、中解部		
	従八位	上			大国大目	
		下		少解部	大国少目 上国目	
	大初位	上				
		下			中国目	
	少初位	上			下国目	
		下				

※八省は中宮職を除いたもの。国司には大、中、下がある
※『新訂 官職要解』（講談社学術文庫）をもとに作成

4章

知られざる平安貴族の暮らしとは

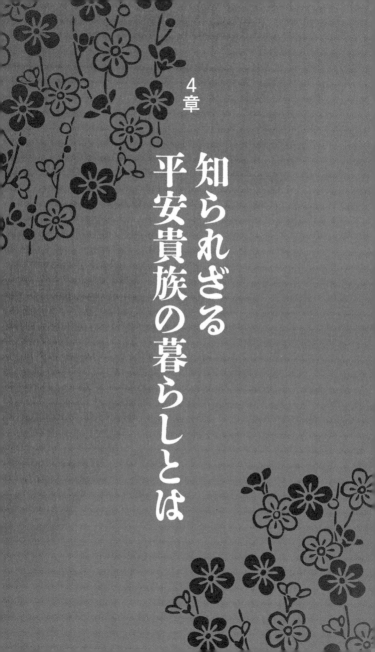

Q61 階級社会の頂点にある貴族社会にも明確な**身分の差**があった？

ひとくちに平安貴族と言っても、その身分は同じではなく、大きくは上級貴族、中級貴族、下級貴族の三つに分けられる。

律令《りつりょう》制による位階は、正一位から従一位、正二位、従二位と下がっていき、最下位の少《しょう》初位下《しょういのげ》まで、30階級あるのだが、この位階が三位以上、もしくは、太政大臣、左大臣、右大臣、大納言、中納言、参議といった、朝廷の要職についていたのが上級貴族たちで、これらを公卿《くぎょう》と呼ぶ。つまり、位階が四位でも、参議の職にあれば、公卿となる。

位階の分類は、四位からは、正四位上、正四位下、従四位上、従四位下と、さらに細かく分けられるが、この四位と五位の者が、一般的には中級貴族であり、さらにこの中で、天皇のおわす清涼《せいりょう》殿への昇殿を許された者を、特に殿上人《てんじょうびと》という。三位以上は、原則全員が殿上人であるが、まれに公卿であっても昇殿を許されない者もいて、その場合は、公卿ではあるが、殿上人とは呼ばれない。昇殿を許されない者は、殿上人に対して地下《じげ》と呼ば

平安時代の身分の目安

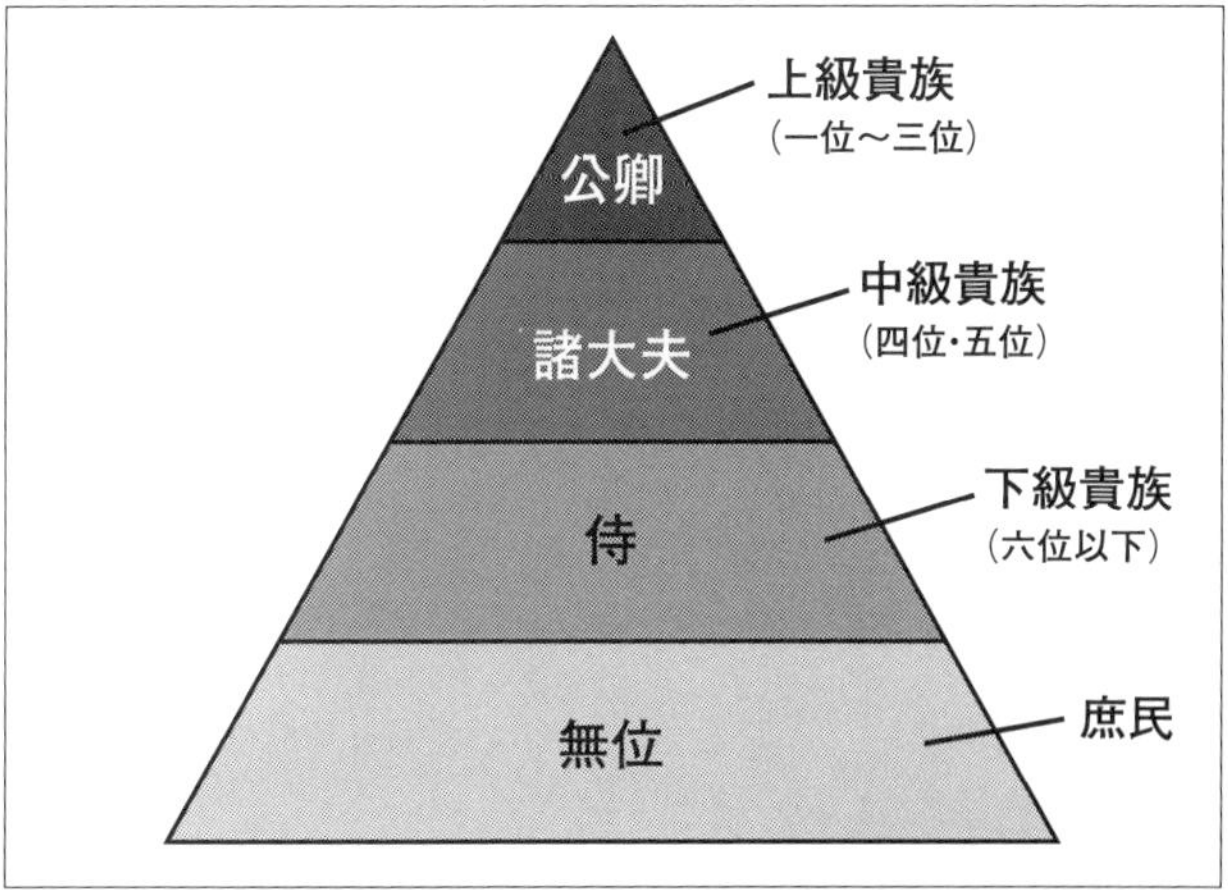

れ、この地下の四位、五位の者が、特に諸《しょ》大夫《だいぶ》と呼ばれた。

平安中期になると、六位以下の位階は、ほとんど与えられなくなるため、六位の者が下級貴族にあたるが、位階があるという点で無位の庶人（一般庶民）とは異なるものの、貴族というよりは、下級官人とでも呼ぶべき存在であった。ただ、六位の蔵人《くろうど》は、天皇の身の回りの世話をする役割のため昇殿を許されており、下級官人とはいえ殿上人だった。

現在の我々が平安貴族と聞いてイメージするのは、一般的には五位以上の上級・中級貴族と、その家族たちのことになるであろう。

Q62

雲の上の存在である公卿は働いていなかった？

当時の上級貴族にとっての仕事とは、年中行事の遂行であり、毎年決められた儀式を滞りなく行うことこそが、政治そのものだったと言っても過言ではない。年中行事は、主なものだけで100以上もあり、それらの準備や予習だけでもかなりの忙しさではあったが、そのほかにも「外記政《げきせい》」と呼ばれる、上申されてきた申請書類に最終的な裁決を下す仕事があった。

最終決定権を持つ公卿は、大臣が最大で4人、大納言が4人、中納言が6人、参議が8人と定員が決まっていたため、この20人余りの人たちだけで、上申されてきた事案をすべて決裁しなければならなかった。

もちろん、全員が毎回の「外記政」に出席したのでは大変すぎるので、得意分野などを勘案して、分担で行うことが多かった。その回の「外記政」に参加している中で、最高位の位階を持つ公卿が「上卿《しょうけい》」と呼ばれ、決裁を下した。

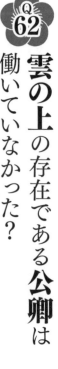

Q63 諸大夫と呼ばれた中級貴族はいわゆる中間管理職だった？

外記庁で行われる「外記政」に提出する申請書類は「申文《もうしぶみ》」と呼ばれたが、それらを作成したり、似たような先例を調べて、以前の結果がどうであったかという、参考資料にあたる「続文《つぎぶみ》」を作成したり、「外記政」が行われる前に、「申文」や「続文」の内容にミスがないかチェックする「結政《かたなし》」を行うのが、「諸大夫」と呼ばれる中級貴族や「侍」と呼ばれる下級貴族たちだった。

言ってみれば、「侍」たちが実務を行う官僚で、「諸大夫」たちが官僚の上に立つ長官や事務次官、「公卿」が内閣の大臣たちといった感じで、「諸大夫」たちは、今で言うところの中間管理職のようなものだった。

一方で、全国に68ある国に赴いて行政責任を負う「受領」は、地方官ではあるものの、決められた租税を国庫に納めさえすれば、残りを私財として蓄えることができるので、上国の受領ともなれば、中級貴族たちが争奪し合う人気の職でもあった。

Q64 侍と呼ばれる下級貴族はすべてが武士だったわけではない？

平安時代、一般的に上級貴族が「公卿」と呼ばれ、中級貴族が「諸大夫」と呼ばれたのに対し、六位以下の下級貴族（下級官人）は、しばしば「侍」と呼ばれた。現在の我々にとっては「侍＝武士」のイメージだが、このイメージが一般化したのは江戸時代のことで、江戸中期に、武士の中でも上級クラスのものを「侍」と呼んだことに始まる。

平安時代の「侍」は、「侍女《じじょ》」という言葉などからもわかるように、元々は、天皇や親王、上級貴族や中級貴族といった、高貴な身分の人間に、「侍ふ《さぶら》（仕える）」者のことをいった。平安中期になると、それが下級貴族をまとめて呼ぶ呼称となった。

また、上級・中級貴族に仕える「侍」たちの仕事には、主人の身を守るボディーガード的な役割もあり、特に治安が悪くなった平安中期以降ともなると、武器を持って主人の身を守ることに特化した「侍」も登場してくる。そうした「侍」たちが力を持ち、やがて貴族を圧倒して、武士の世をつくり出していくのである。

Q65 節目ごとに通過儀礼がある貴族の一生とはどんなもの？

平安貴族たちの通過儀礼には、現代の我々が行う儀礼の原点になるようなものも多い。まず、無事に子どもが誕生すると、生後3日、5日、7日、9日目の夜には、「産養《うぶやしない》」という祝宴が催され、さらに生後50日目、100日目には、「五十日祝《いかのいわい》」「百日祝《ももかいわい》」が行われたが、これは現在の「お食い初め」にあたるものだ。さらに3歳から5歳頃に、幼児が初めて袴を着ける「袴着《はかまぎ》」という儀式が行われ、これが現在の七五三になったともいわれる。

成人式は現在よりもかなり早く、女性は12歳から15歳くらいで、成人女性の正装である裳《も》を着ける「裳着《もぎ》」という儀式を行い、男性は角髪《みずら》に結っていた髪を切って髻《たぶさ》にして、冠をかぶる「元服」を行う。

さらに短命な者が多かった平安時代、40歳はもはや老境とされており、無事に生きたことを祝う、誕生日パーティー「四十賀《しじゅうのが》」が行われた。40歳以降は「五十賀《いそじのが》」「六十賀《むそじのが》」と10年ごとに行われ、藤原俊成《としなり》のように、「九十賀《くじゅうのが》」までやった例もある。

Q66

平安貴族の生活ぶりを知る どんな1日を過ごしていたのか？

平安貴族の朝は早い。日の出とともに打ち鳴らされる太鼓の音を合図に起床し、起きたら自分の属星《ぞくしょう》（生まれ年の星で、その人の生涯を支配すると信じられていた）を7回唱え、次に暦を見て、その日の吉凶を調べなければならなかった。日によって、やっていいことや駄目なこと、行っていい方角や良くない方角などがあるため、それらのチェックは欠かせない。場合によっては物忌をする必要もあった。

暦を調べ、出かけていいとなれば、次は身だしなみである。楊枝で歯を磨き、口をそそぎ、手や顔を洗う。さらに信じている神仏にお祈りしたのち、昨日のことを日記に書き記す。髪をすくのは3日に1度で、手の爪を切るのは丑《うし》の日、足の爪を切るのは寅《とら》の日と決まっていたので、それに合わせて身だしなみを整える。お風呂に入るのも、日によって吉凶があるため、きちんと調べてから行わなければならなかった。

それが済んだら、ようやく出勤となる。殿上人は、清涼殿の殿上の間へ出勤するのだが、

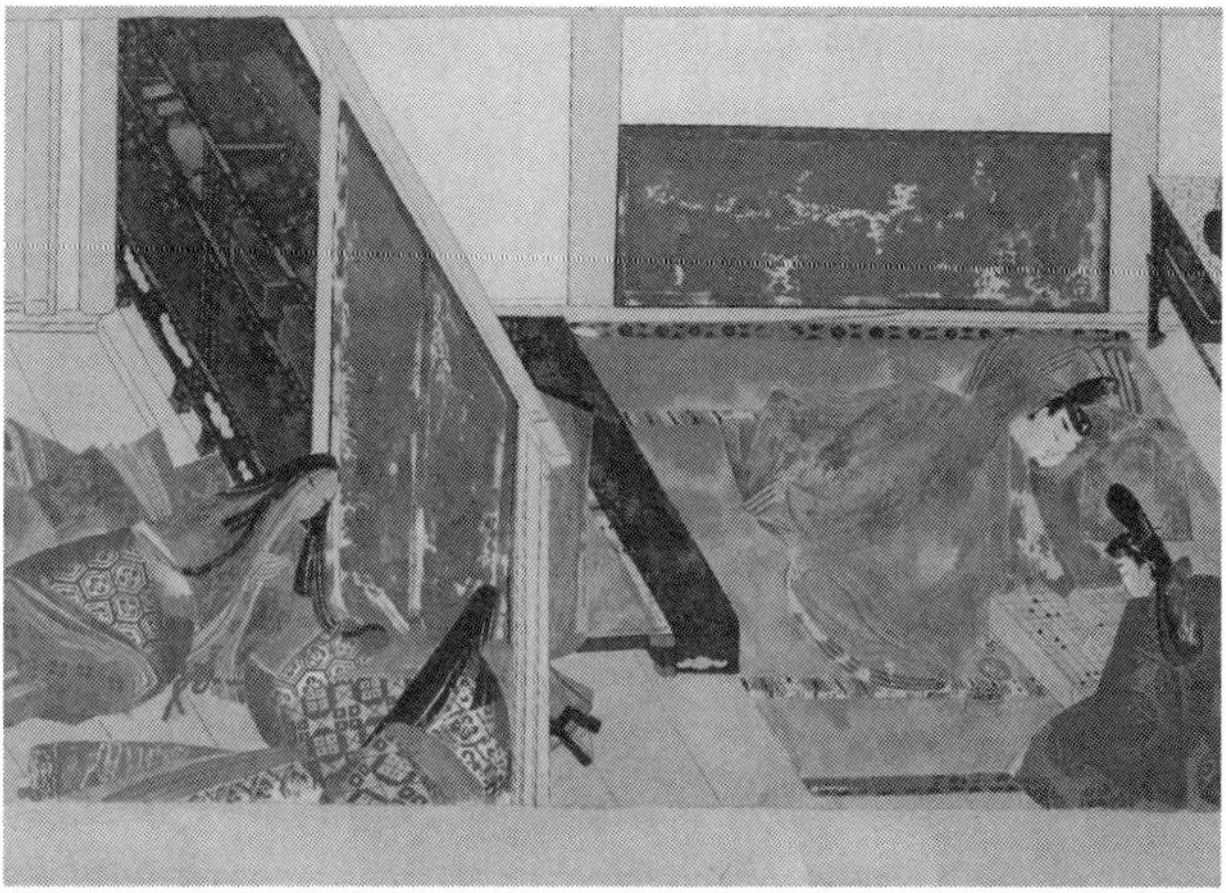

今上帝（右上）と囲碁を打つ薫（右下）。薫は光源氏の子として育てられた。『源氏物語絵巻』より（国立国会図書館蔵）

その際、「日給《にっきゅう》の簡《ふだ》」と呼ばれる自分の名前が記された木簡の下へ、日付を記した「放《はなち》紙《がみ》（一種の出勤票）」を貼った。

一仕事終えると、いったん屋敷に戻り、午前10時頃に朝食をとった。食事は基本的に1日2食だったが朝食前に軽く粥を食べることもあった。また肉体労働者は「間《けん》水《すい》」という間食を取ったりもしていた。午後4時頃に2回目の食事（夕食）をとったが、それまでは自由な時間で、蹴鞠や双六、囲碁などの趣味にあてられた。食後は、宿直や会議がある場合は、再び内裏に出勤することになるが、宴会に参加することも多かった。何もなければ就寝は早く、日没とともに休む場合がほとんどだった。

Q67 寝正月なんて考えられない 1年で一番忙しいのが正月三ヶ日？

平安貴族にとって正月は行事が目白押しで、むしろほかの月よりも忙しいくらいだった。

まず元旦だが、夜明け前の寅の刻（午前4時頃）、天皇が清涼殿の東庭で行う「四方拝《しほうはい》」にならって、貴族たちも各自の邸宅の庭で天地四方を祀り、1年の安泰を祈った。

辰《たつ》の刻（午前8時頃）になると、大極殿《だいごくでん》で天皇が百官から新年の言祝《ことほ》ぎを受ける「朝賀《ちょうが》」が行われたが、平安中期になると「朝賀」は廃れ、かわりに「小朝拝《こちょうはい》」が主流になった。「小朝拝」は「朝賀」の規模を小さくしたもので、清涼殿で行われた。昼過ぎになると、紫宸殿《ししんでん》で「元日節会《がんじつのせちえ》」が行われた。

2日には、後宮《こうきゅう》と春宮《しゅんきゅう》で行われる「二宮大饗《にぐうのだいきょう》」や、天皇が太上《だいじょう》天皇や皇太后に対して年始の挨拶をする「朝覲行幸《ちょうきんのぎょうこう》」があり、貴族たちもそれぞれ集まって、「殿原廻《とのばらまわり》」という中納言以上の公卿に対する年始回りを行った。3日は「月奏《げっそう》」の儀式があり、さらに5日の「叙位」や、7日の「白馬節会《あおうまのせちえ》」の準備に追われていたのだ。

Q68 貴族がせっせと日記をつけたのは先例を子孫に残すため？

平安貴族にとっての仕事とは年中行事に参加することであり、そうした儀式を粛々と滞りなく進めていくことだった。しかし儀式には、数多くの決まりや規則があり、どのような装束を身に着けるのか、誰がどこに立つのか、何をするのか、どういう順番で動くべきなのか等々、知らなければならないことは山ほどあった。先例絶対主義の平安貴族たちにとって、それらを間違えることはなによりも恥ずべきことであり、下手をすれば地位を追われかねない大失態ともなった。

そのために大事だったのが日記で、貴族たちは子孫たちのために、そうした儀式の手順や規則をせっせと日記に書き残したのである。つまり貴族たちにとっての日記とは、将来、子孫たちが目にすることを前提として書かれたもので、普通はあまりプライベートなことは書かなかった。その点、藤原頼長《よりなが》の『台記《たいき》』は、男色相手とのいざこざなど、かなり個人的な内容が書かれており、当時としては珍しい日記といえる。

Q69 苦労して大学を卒業しても出世できるとは限らない？

官吏の育成・登用機関として、大宝律令によって定められたのが「大学寮」である。当初は儒学を学ぶ明経道《みょうぎょうどう》のみであったが、のちに法律を学ぶ明法道《みょうぼうどう》、漢文と歴史を学ぶ紀伝《きでん》道《どう》（文章道《もんじょうどう》）、数学を学ぶ算道《さんどう》が加わり、全部で4科となった。管轄したのは、八省の一つ、式部省である。

官人となるためには、大学に入って勉強し、試験に合格して、位階と官職を手に入れる必要があった。大学の学生となるのは、主に五位以上の貴族の子弟たちだったが、八位以上の子弟なら、希望すれば入学を許された。紀伝道の学生の場合、まず式部省の行う「省《しょう》試《し》」を受け、それに合格すると定員20名の文章生となれ、さらに成績優秀であれば、奨学生にあたる文章得業生《とくごうしょう》になれた。そこから国家の最終試験である「方略《ほうりゃく》試《し》」に合格すれば、さらなる出世も夢ではなかった。

例えば『続《しょく》日本後紀』の編集にも関わった、平安初期の学者として名高い春澄善縄《はるずみのよしただ》などは、父の位階が従八位下と低かったために、20歳前後で大学への入学を認められ、28歳のときに「省試」に合格して文章生となり、32歳で文章得業生、およそ2年後には「方略試」に合格し、中務省《なかつかさ》の書記官にあたる少内記《しょうないき》に任命されている。この「方略試」は、奈良時代の慶雲《けいうん》年間から平安時代の承平《じょうへい》年間までの200年あまりの間に、65人ほどしか合格者が出ていないという、非常に難しい試験だった。かの大学者、菅原道真も合格までには4年かかっているし、紀長谷雄《きのはせお》は5年、三善清行《みよしのきよゆき》などは8年もかかっている。

こうして春澄善縄は従五位下から、やがては従三位参議にまで出世したわけだが、一方で大学に入ることもなく、なんの苦もなく、位階と官職を手に入れる者もいた。

それを可能にしたのが「蔭位《おんい》の制」だ。

これは、父親が五位以上の位階を持つ息子（蔭子《おんし》）と、祖父が三位以上の位階を持つ孫（蔭孫《おんそん》）は、21歳になれば祖父や父の位階に応じて、自動的に一定の位階や位階に相当する官職が与えられるという制度で、そのため上級貴族の子弟の多くが大学で学ぶことなく、官人に登用されていった。

さらに大学自体も、教官の推薦によって試験を受けずに任官できる制度が生まれたため、平安中期ともなると、真面目に学ぶ者はどんどん減っていってしまった。

Q70

貴族たちは自らの収入をいったいどこから得ていたのか？

同じ平安貴族とはいっても、階級によって、その収入には天と地ほどの差があった。

六位以下の下級貴族（下級官人）の収入は、季禄《きろく》と呼ばれる、米や布などの原物支給のみだった。季禄は毎年2月と8月の年2回支給された。これらすべてを米に換算すると、正六位上の収入はおよそ27石に相当する。

これに対して四位、五位の中級貴族になると、季禄のほかに、農地からの直接の収入である位田《いでん》や、位階によって米で支払われる位禄《いろく》が支給された。中級貴族としては、位階がもっとも下の従五位下の場合、季禄が米37石相当、位田が米で152石相当、位禄が215石相当となり、合計すると400石ほどの収入があった。これは正六位上の収入と比べると、約15倍にもなり、五位以上と以下ではあきらかな差があった。一般的に五位以上が貴族と呼ばれたのも、こうした待遇の差から見て取ることができる。ちなみに従四位下の1年の収入は約800石で、従五位下の2倍あった。

ただ、四位、五位の中級貴族には、受領として地方に派遣される者もおり、彼らは都に残る同位階の者たちより高給取りだった。というのも、受領は季禄が支給されない代わりに、位禄、位田のほかに、公廨利稲《くがいりとう》と職分田《しきぶんでん》が与えられたからだ。公廨利稲というのは、国から受領に無利子で官稲《かんとう》を貸し出し、受領がそれを庶民に貸すことで得られる利息のことで、大国、上国、中国、下国という、国のレベルによって貸し出される官稲に差があり、そのため得られる収入にも差があったが、下国でもおよそ米700石ほどにはなった。そのため受領になった中級貴族は、下国でも年収が米1100石相当もあった。

一方、三位以上の上級貴族は、季禄と位田のほかに、直接封戸が支給される位封《いふ》が収入となる。この位封は、中級貴族の位禄と同じようなものだ。さらに上級貴族の場合、務めている官職に従って、職封《しきふ》というものも支給された。職封は、太政大臣の場合は米7500石相当、左大臣と右大臣の場合は米5000石相当、大納言の場合は米2000石相当、中納言の場合は米1000石相当、参議の場合は米2000石相当であり、さらに大納言以上ともなると、これに職分田の支給も加えられた。

例えば正三位の大納言の場合は、年収が約米3600石相当になり、これは都にいる従四位下の4・5倍であり、三位以上と以下でも収入に大きな差があったことがわかる。

Q 71

貴族の女性たちのあこがれ 宮廷の女房の仕事内容とは？

平安時代、宮中の天皇や后たち、あるいは貴族たちの屋敷に仕え、自分の部屋（房）を与えられた女性使用人は、すべて「女房」と呼ばれたが、なかでも宮中で働く「宮仕え」の女房たちは特別で、その職場は、内侍司《ないしのつかさ》、蔵司《くらづかさ》、書司《ふみのつかさ》、薬司《くすりのつかさ》、兵司《つわもののつかさ》、闈司《みかどのつかさ》、殿司《とのもりつかさ》、掃《かにもりの》司《つかさ》、水司《もいとりのつかさ》、膳司《かしわでのつかさ》、酒司《みきのつかさ》、縫司《ぬいのつかさ》といった「後宮十二司」に分かれていた。

特に内侍司の女房たちは、天皇のそば近くにあって、勅旨を官人に伝えたり、宮中の儀礼を司ったりする天皇の秘書的な役割であり、広い知識を持つ有能な女性でなければ選ばれなかったため、女房たちにとっては憧れの職場だった。清少納言も『枕草子』の中で「女は典侍《ないしのすけ》になるのがよい」と言っているほどだ。

内侍司のトップである尚侍《ないしのかみ》ではなく、次官の典侍になるのが理想だとしたのは、平安中期には尚侍が天皇の后になるのが一般化していたためで、清少納言のような中級貴族の娘にとっては、実務トップの典侍の役が望むべく最高の位と思われたのだろう。

後宮十二司

内侍司	天皇の側に仕え、奏請、伝宣などを司る
蔵司	神璽、天皇の装束などを司る
書司	天皇の書籍や文房具、楽器を司る
薬司	天皇に薬を供奉することを司る
兵司	兵庫寮から御用の武器を出す
闈司	宮中の鍵の保管や出納を司る
殿司	清掃・湯浴み・灯火・薪炭などを司る
掃司	清掃や設営などを司る
水司	水や氷の調達、粥の調理を司る
膳司	食事のことを司る
酒司	酒をつくる役
縫司	衣服の縫製などを司る

実際、清少納言は源俊賢《としかた》に和歌の出来を褒められ、「内侍司に入れるよう、天皇に推薦してあげよう」と言われ、大喜びしている。ただ、清少納言が典侍になったという記録は残っていない。

実は、中宮定子《ていし》に仕えた清少納言や、中宮彰子に仕えた紫式部などは、同じ宮中で仕事をする女房ではあったものの、中宮の父親の藤原道隆《みちたか》や藤原道長に、私的に雇われた女房だった。こうした私的な女房たちは、中宮たちの身の回りの世話をする一方で教育係でもあり、また、中宮を中心にした華やかな文化サロンを形成することによって、天皇の御渡りを多くするという役目も帯びていた。

Q72

偏った食生活のため貴族たちは脚気になった？

平安貴族たちも現在の我々と同じで、主食は白米だった。ただ現在の我々が食べている軟らかい御飯は「姫飯《ひめいい》」と呼ばれ、当時の貴族たちが主に食べていたのは、うるち米を甑《こしき》で蒸した「強飯《こわいい》」と呼ばれる硬い白米だったという違いはある。貴族たちは、この「強飯」に、野菜や魚介類などをおかずとして食べていた。

ただ副菜として食べられていた魚の多くは川魚で、海で取れる魚介類などは長距離の輸送中に腐らせないため、乾燥させたり、塩漬けにして都まで運ばれていたため、現在のように生の魚介類を食べる習慣というのは、ほぼなかった。

また、当時は、煮たり焼いたりといった調理の際に味付けをしなかったため、各自の膳の上に置かれている、塩、酢、醬《ひしお》、酒の「四種器《よぐさもの》」と呼ばれる調味料を個人の好みに応じてつけ、食べていた。

平安貴族たちは、庶民と違って、あまり体を動かさず、玄米ではなく白米を食べていた

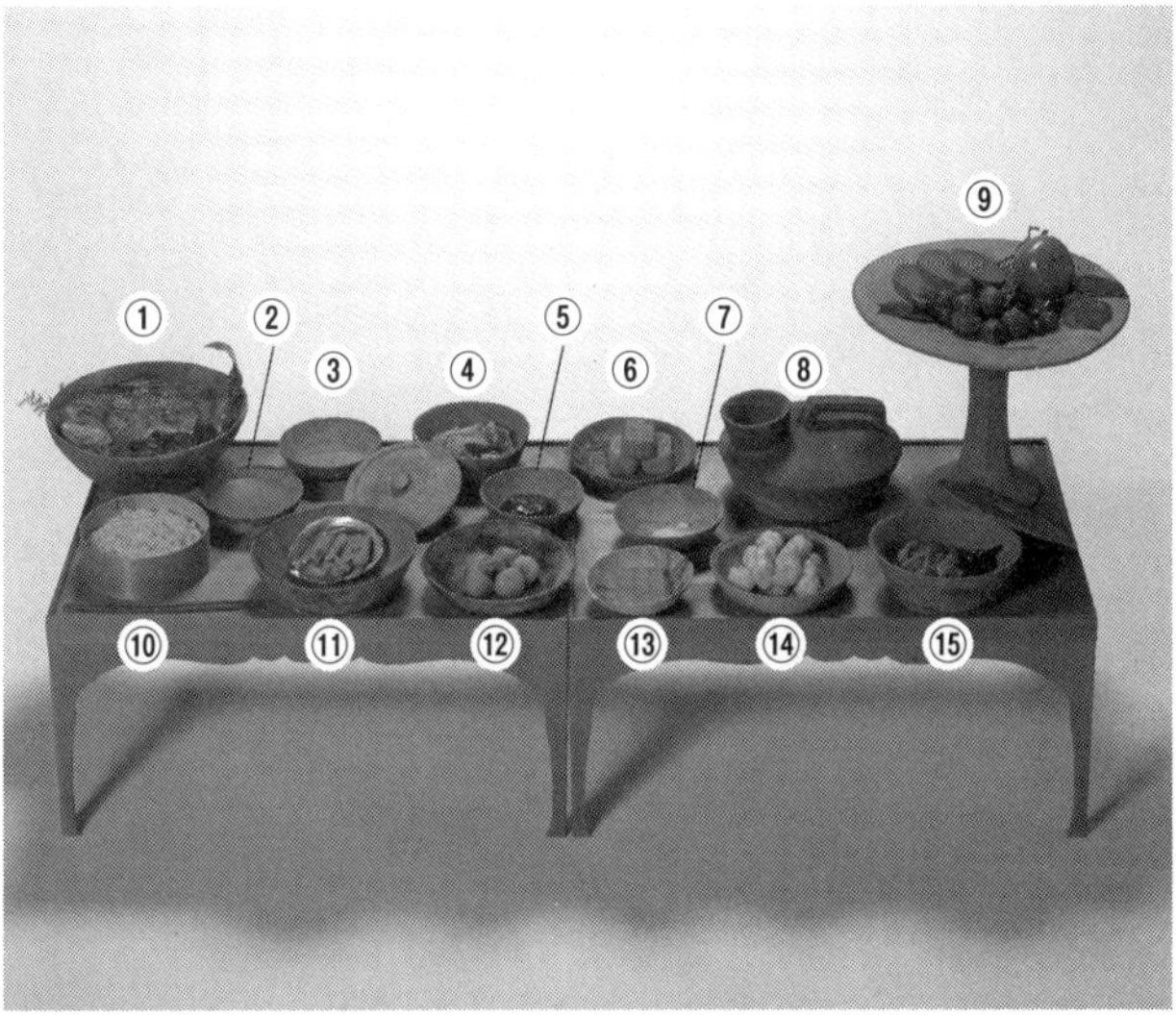

平安貴族の食事。①焼き鯛の盛り合わせ②清酒③酢④麦縄（冷麦）⑤醬⑥蘇（チーズ）⑦塩⑧清酒⑨果物の盛り合わせ⑩白米⑪アワビのウニ和え⑫里芋の煮物⑬心太（ところてん）⑭唐菓子（索餅）⑮鴨肉のなます（向日市文化資料館提供）

ことと、塩分の高い食生活だったことなどから、その病死の死因の2割が、脚気だったともいわれる。

また、平安貴族たちは酒を愛した。つくられていた酒の種類も多く、行事のあとの宴会等で酒を飲む機会も多かった。そのため脚気以外では、糖尿病で亡くなる者も多かった。糖尿病は喉が渇いてしきりに水を飲みたがるため、当時は「飲水病《のみみずびょう》」とか、「消渇《しょうかち》」などと呼ばれており、藤原道長や道長の兄の藤原道隆、伯父の藤原伊尹《これただ》、甥の伊周《これちか》らの死因もこの「飲水病」だったといわれている。

Q73

平安貴族のプライベート空間 屋敷はどんなつくりだった？

上級貴族の邸宅は、普通1町（約120m四方）もの広い敷地を持ち、築地（土塀）で囲った中に、寝殿造《しんでんづくり》と呼ばれる様式の屋敷が建てられていた。門は東西と北にあり、南には庭と池が配置されるため、門はなかった。

邸宅の中央に位置するのが寝殿で、その左右に対屋《たいのや》があった。寝殿は主人の居場所ではあったが、公の儀礼に使われることが多く、日常生活は対屋で行われるのが一般的だった。寝殿と対屋は、透渡殿《すきわたどの》（吹放ちの廊下）や渡殿でつながれており、渡殿にも多くの曹司《ぞうし》（部屋）があった。この曹司は、主に女房たちの私室にあてられ、湯殿（風呂）や樋殿《ひどの》（トイレ）もこの近くにあった。大邸宅になると、寝殿の北側に北対が建てられることもあった。東西の対屋からは、南にむかって長い廊下がつくられ、侍所《さむらいどころ》や車宿《くるまやどり》が設けられる一方、池の上には納涼や遊興のための釣殿《つりどの》もつくられた。

寝殿の中は板敷に丸い柱が並ぶだけで、固定した壁はなかった。そのため広い空間を簾《すだれ》、

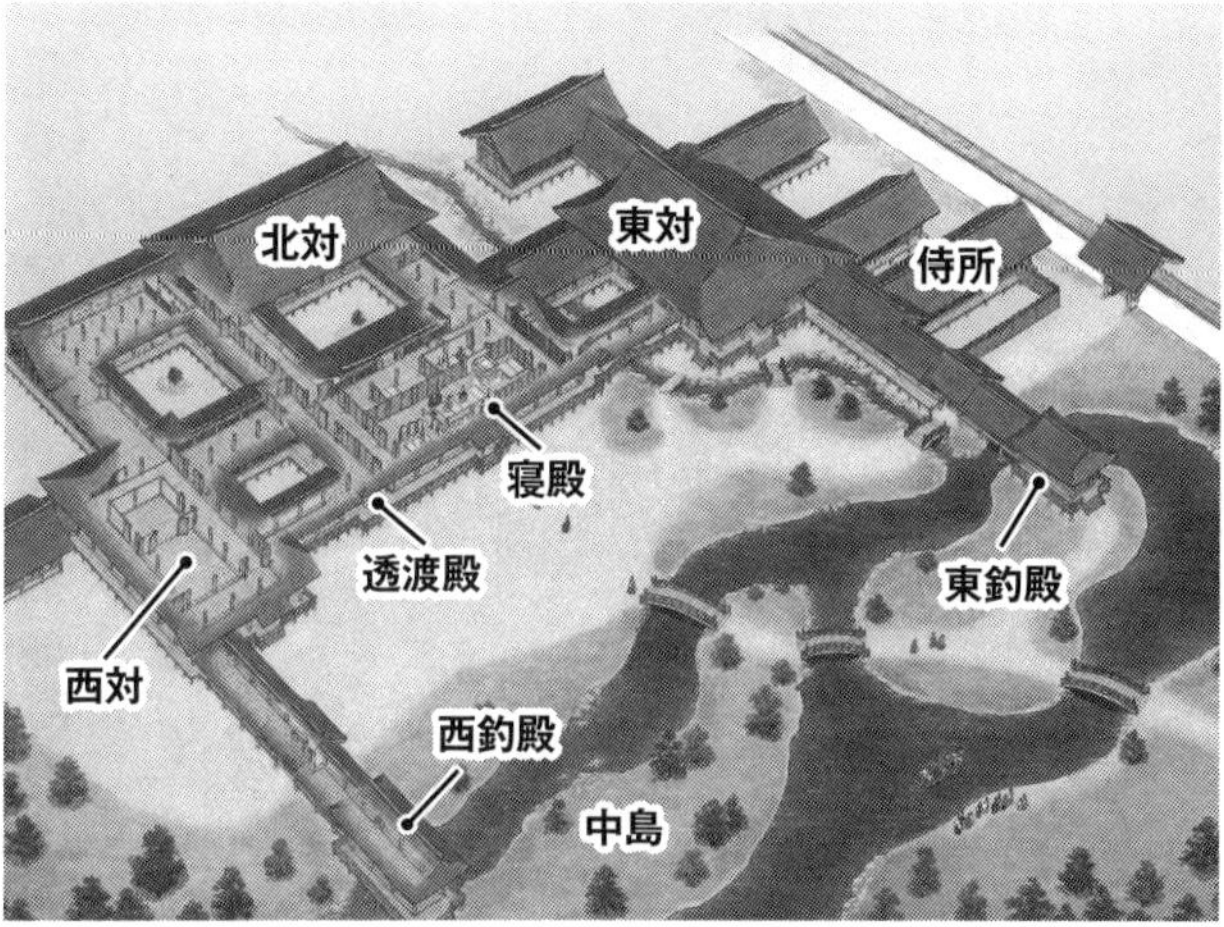

平安時代に完成した貴族の住宅である寝殿造（イラスト／香川元太郎）

障子（現在の襖）、壁代《かべしろ》などで仕切って生活していた。さらには身近に、几帳、屏風、帳台などを置いて身を隠し板敷には畳、茵《しとね》、地鋪《じしき》などを置いて座った。

ただし、対屋には、土壁で囲んだ塗籠《ぬりごめ》という部屋があったが、ここは先祖伝来の家宝を置いて火災から守ったり、出産、臨終など、特別な場合に使用されたりする神聖な部屋だった。

陰暦の4月1日と10月1日は更衣《ころもがえ》の日であり、衣服のほか、室礼《しつらい》（部屋の中の調度）も入れ替えた。

また、お産などの場合は室礼が白一色にされるなど、年中行事や儀式のたびに室礼も変更された。

Q74

平安時代の十二単は12枚重ねて着るのではなかった？

一般的に「十二単《ひとえ》」と呼ばれる衣服は、正式には「女房装束」といい、宮廷などに仕える命婦《みょうぶ》（五位以上の女官）以上の女房たちが着る、朝服《ちょうふく》のことを指す。まず、袴の上に単の衣をはおり、その上に袿《うちき》をはおる。平安時代にはこの袿を何枚も重ねたため、「重袿《かさねうちき》」とも呼ばれた。現在の我々が「十二単」と呼ぶ「単」は、この「重袿」のことで、何枚も重ねられはしたが、必ずしも12枚重ねるわけではなく、3枚から7枚が一般的だった。もっとも、なかには20枚も重ねる強者もいたという。

ただ平安末期になると、行き過ぎた派手さに歯止めをかけるべく、5枚重ねが奨励されたが、守らない者も多く、5枚が定着したのは鎌倉時代になってからだった。そこから「重袿」は「五衣《いつつぎぬ》」とも呼ばれるようになる。

平安時代の「女房装束」では、「重袿」の上に「打衣《うちぎぬ》」と「表着《うわぎ》」をはおって、最後に「唐衣《からぎぬ》」をはおり、その上から、腰から下の背後を覆った長いスカートのような「裳《も》」を着

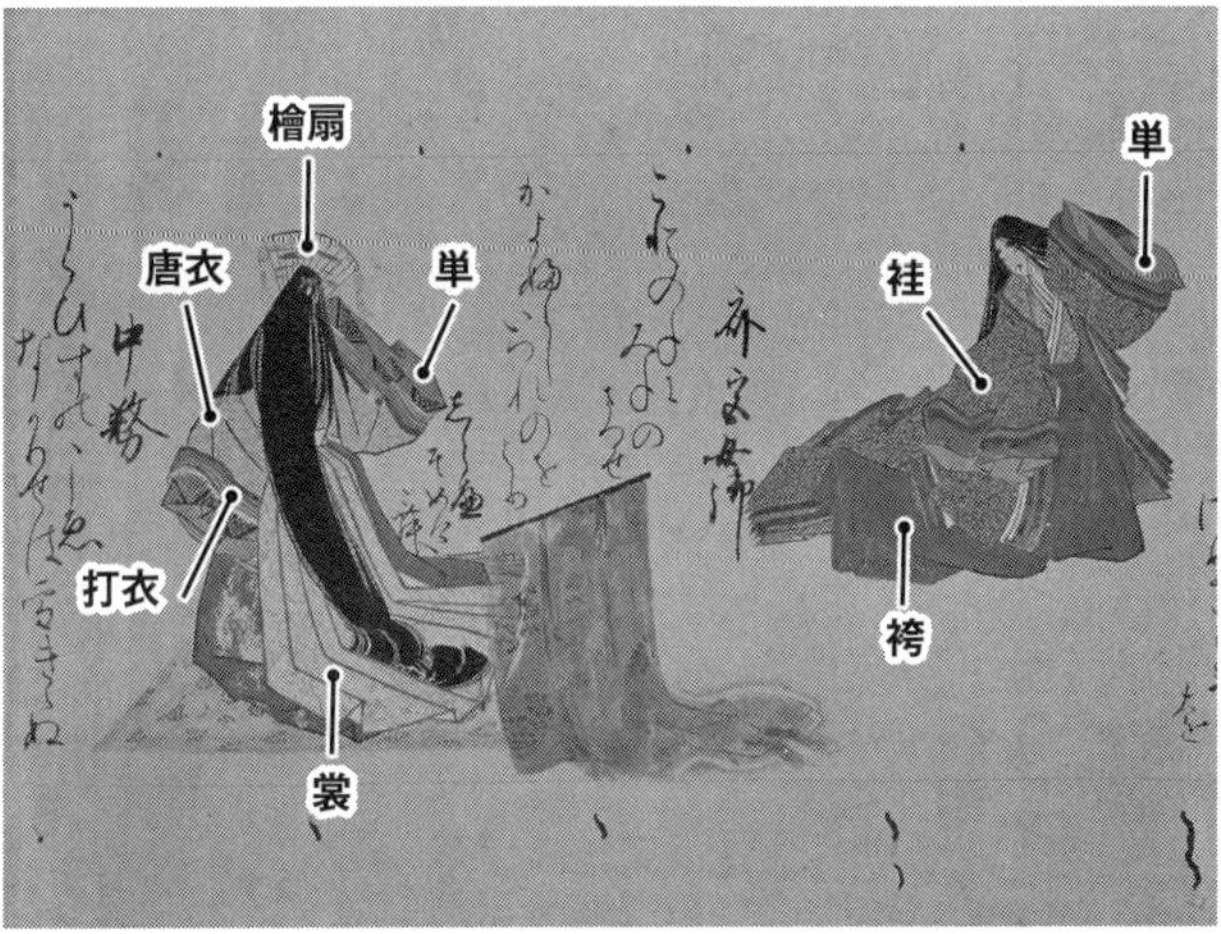

『後鳥羽院本（烏丸光広奥書本）三十六歌仙絵（模本）』より（東京国立博物館蔵／ColBase）

けて完成となる。

平安時代の女房たちにとっては、この「重袿」の色の合わせ方がファッションセンスの見せ所で、袖口から見えるだけの襲《かさね》色目《いろめ》の美しさを互いに競い合った。ただし「禁色《きんじき》」といって、使用してはいけない色があった。天皇が使用する「黄櫨染《こうろぜん》」と東《とう》宮《ぐう》（皇太子）が使用する「黄丹《おうに》」は当然のことながら、「支子《くちなし》、黄、赤、青、深紫、深《ふか》緋《ひ》、深蘇芳《ふかすおう》」の7色も「禁色七色」と呼ばれ、使用が禁止されていた。

もっとも「禁色勅許」が与えられた場合は、特別に「禁色」を使用することができた。これは「聴色《ゆるしいろ》」といって、羨望の的になった。

Q75 平安時代には約350年間死刑が停止されていた期間がある？

『百錬抄《ひゃくれんしょう》』の保元《ほうげん》元年（1156）7月29日の条には、「源為義《ためよし》以下が斬罪に処せられた。嵯峨天皇以降、行われなかった刑である」と記されている。

実際、大同《だいどう》5年（810）に起こった「薬子《くすこ》の変」で、嵯峨天皇が藤原仲成《なかなり》を死刑にして以降、「保元の乱」で源為義が斬首に処せられるまでの346年もの間、死刑は行われていなかった。

もっとも、これは天皇の命によって行われる公的な死刑がなかったというだけで、朝廷から公式に追討命令が出た場合の戦死者や、私的集団内での処刑、私的な闘争による殺人などは含まれていない。

天皇が死刑を命じなかった理由としては、「死が穢《けが》れである」と考えられていたことや、殺してしまった相手が「怨霊となって呪ってくることへの恐怖」などがあったと思われる。そのため死刑に相当する罪を犯した罪人でも、「死一等を免じて」流刑に処したのである。

Q76 髻を他人に見られることは下半身を出すレベルの恥ずかしさ？

平安貴族の男性にとって、他人に髻を見られるというのは、現代人が裸の下半身を衆目に晒すのと同じくらい恥ずかしいこととされていた。そのため成人貴族は、元服して長い髪を切り、髻を結って冠や烏帽子を被るようになると、自宅でくつろぐときも寝ているときも、甚だしきに至っては、愛する女性との愛の行為の最中ですら、冠や烏帽子を取ることはなかったという。

だが中には鉄のメンタルを持つ人間もいたようで、清少納言の父親である清原元輔《もとすけ》などは、賀茂祭の奉幣使《ほうへいし》を務めた際に落馬して、冠が転げ落ち、髻どころかツルツルの禿げ頭が衆人の目にさらされてしまったときにも、顔色一つ変えず、馬鹿にして笑っている公達《きんだち》たちの前に行くや、「道が悪いのだから、馬から落ちることはある。それに冠には紐もついていないし、私は年を取って禿げてしまっているので、冠を留めることもできなかったのだ」と、滔々《とうとう》と言い訳を述べている。

Q77 債券回収の手段には暴力が用いられていた？

長和《ちょうわ》元年（１０１２）9月16日、丹波掾《じょう》の伴正遠《とものまさとお》が、右大臣の藤原顕光《あきみつ》の従者たちに無理やり馬から引きずり降ろされ、殴る蹴るの暴力を受けた挙句に、藤原顕光の堀河院に拉致され、監禁されるという事件が起こった。

実はこれ、伴正遠が藤原顕光に借りた金を返さなかったために起こった事件で、いわば伴正遠の自業自得でもあったのだが、華やかで優雅に生活しているイメージの平安貴族たちも、下級、中級の貴族ともなれば、借金で首がまわらず、伴正遠のように暴力を受けてようやく返済する、などという者も多かったようである。

というのも、下級、中級の貴族たちが職にありつくためには、上級貴族に「任料《にんりょう》」という手数料（いわば賄賂？）を払って、その職に推挙してもらう必要があったのだが、推挙されて望みの職に就きながら、素知らぬ顔で「任料」を払わない不届き者も多く、そんな場合は、上級貴族たちも遠慮せず、暴力に訴えて借金返済を迫ったのである。

Q78 貨幣は平安時代にはあまり流通していなかった?

日本では、奈良時代の和同元年（708）に「和同開珎《わどう》」という銅銭がつくられ、その後も平安初期までは、皇朝十二銭《こうちょう》と呼ばれる、12種類の銅銭がつくられていた。

だが、これらはもともと中国（唐）の制度を模倣してつくられたもので、当時の日本では、まだ貨幣を必要とするほど経済的に発展していたわけではなく、さらに原料となる銅の生産量も圧倒的に不足していたため、広く一般に普及することもなく、やがて使われなくなっていった。

銅銭に代わって貨幣として用いられたのが、米や絹布《けんぷ》だった。このシステムは「准米《じゅんまい》」「准布《じゅんふ》」とも呼ばれ、平安中期ともなると、官衙《かんが》（役所）の給料も米や布などの現物支給が一般的になっていった。

日本に貨幣経済が広まるのは鎌倉時代で、これは平安後期から鎌倉初期にかけて日宋貿易が盛んになり、中国から大量の宋銭が日本に輸入されたことによる。

Q79

正史『日本三代実録』にも記される平安きってのイケメンとは？

平安時代のイケメンといえば、まずは『伊勢物語』のモデルとなった、在原業平《ありわらのなりひら》が挙げられる。父は平城《へいぜい》天皇の第1皇子でありながら、薬子の変によって帝位を継ぐ道を断たれた阿保《あぼ》親王。業平は臣籍降下され、在原姓を与えられた。そんな鬱屈した思いを晴らすかのように、数多くの恋に浮名を流した。『日本三代実録』に「体貌閑麗《たいぼうかんれい》、放縦《ほうしょう》不拘（容姿は端麗で、性格は自由奔放でこだわりがない）」と書かれた在原業平は、生涯で3千人以上の女性と関係を持ったともいわれ、なかでも、清和天皇の女御だった藤原高子《こうし》との恋や、伊勢の斎宮《さいぐう》となった恬子《てんし》内親王との恋など、タブーとされる相手との悲恋で有名である。ただ『日本三代実録』には「略《ほぼ》無才学、善作倭歌《やまとうた》」とも書かれていて、和歌は巧みにつくれたものの、政治を行う上で重視された漢学の知識はなかったようだ。

ちなみに、陽成《ようぜい》天皇の皇子・元良《もとよし》親王も、『今昔物語』に「いみじき好色にてありけれ（たいそうな色好みだった）」と書かれるほど恋多き男性で、「一夜めぐりの君」とも呼ばれていた。特に宇多法皇の思い人だった褒子《ほうし》との許されざる恋は有名で、その多情さと、陽成天皇を生んだ母親が、在原業平と関係のあった女御・藤原高子だったことから、業平の孫なのではないかと噂される人物でもあった。

また、一条天皇の中宮となった藤原定子《ていし》の父・藤原道隆も『大鏡』に「御かたちぞ、いと清らにおわしましし」と記されており、かなりの美形だったようである。

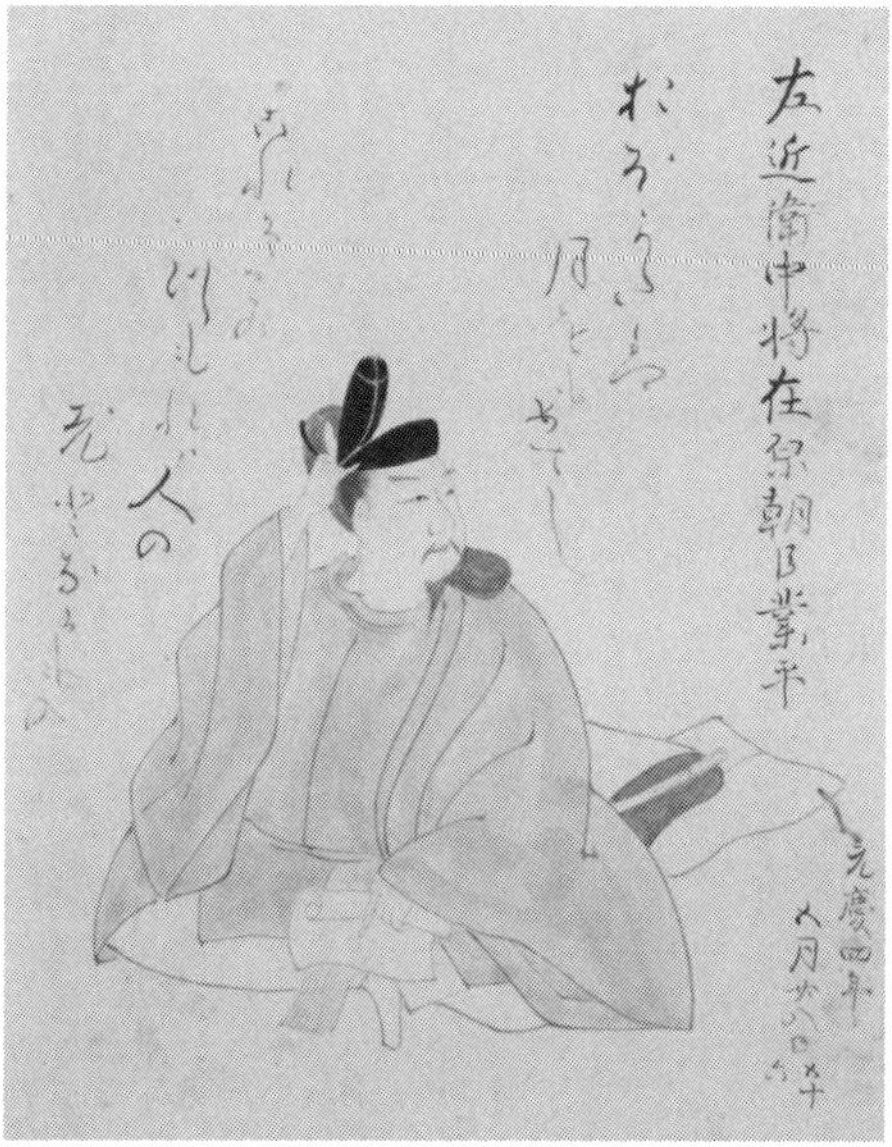

小倉百人一首の「ちはやぶる 神代も聞かず 竜田川 からくれなゐに水くくるとは」を詠んだ在原業平（国立国会図書館蔵）

その長男の藤原道頼も、同じく『大鏡』に「ものより抜け出たるやうにぞおわせし」とあり、絵から抜け出したと思えるほどの美男だったらしい。

さらに道頼は、性格も異母弟の伊周《これちか》や隆家より優れており、愛嬌もある人物だったらしい。

Q80 貴族の恋のスタートはのぞき見から始まった？

平安時代、貴族たちの恋は妄想から始まった。どこどこに美しい女性がいるといった噂を聞いて、会わないうちに相手の女性のことを想像し、妄想を膨らませ、恋心を募らせていったのだ。

『源氏物語』の末摘花《すえつむはな》の巻でも、末摘花の「内気で大人しく、琴だけを相手にしている」という噂から、勝手に可憐な美人の姿を妄想した源氏が和歌を贈ったり、何度も訪ねたりしたのち、ようやく末摘花の寝所に潜り込み思いを遂げるのだが、朝になって初めて末摘花の顔を見て、象のように垂れた赤い鼻にビックリした、とあるように、この当時、男性が女性の顔を見られるのは、関係を結んだあとだった。

もっとも、相手の女性の顔を見てから始まる恋もゼロではない。

『源氏物語』には、北山に出かけた源氏が、とある尼の庵をのぞき見て、中にいた少女（のちの紫上）に一目惚れし、自身の屋敷に強奪してくる話があるが、このように屋敷の中

『源氏物語絵巻』にある垣間見の場面（国文学研究資料館蔵）

にいる女性を外から盗み見ることを「垣間《かいま》見《み》」といい、現代のように、顔を見てから恋に落ちるという形も多くはないが、あるにはあった。

ただ一般的に男性は、噂話などから興味を持った女性に、まずは和歌を詠んで手紙を贈った。相手の女性から返された和歌の内容や、使っている手紙の質や色などから、女性の趣味の良し悪しを知り、そうした手紙のやりとりを何度かしたあとで、女性からＯＫをもらって、ようやく夜、女性の屋敷に忍んでいくのだが、当時は照明が暗いため、深い関係になっても相手の顔を知らないまま、などということも珍しくはなかったようだ。

Q
81

平安美人の条件は本当に下ぶくれで引目鉤鼻だったのか？

学校などでは、よく平安時代の美人の条件を「引目鉤鼻《ひきめかぎばな》」と習ったりするが、本当にそうなのだろうか？　もちろん、引目（切れ長の目）や小さな口なども、美人の評価ポイントではあったが、実は平安時代の美人の第一条件は、つややかで黒々とした、長い長い髪を持っていることだった。

紫式部が記した『紫式部日記』で美人だと書かれた女性は皆、髪の色が黒く、つややかで1本1本の太さがそろっており、さらに身の丈よりも長い髪を持っている点を評価されている。また、長いだけで毛先が細くなっているのはあまり美しくないと考えられていたようで、毛先までたっぷりとボリュームがあり、裾の方で広がっているような髪がより美しいとされた。

髪の長さに次ぐ美人の評価ポイントは色白であることで、それが顔全体に白粉を濃く塗るという、平安貴族女性の化粧法につながっていたようだ。

Q82 結婚3日目にお餅を食べて結婚式が終了する？

平安時代の結婚は、男性が女性のもとに通う「婿取り婚」が主流だった。結婚が決まると、男性は連続3夜、女性のもとに通わなければならないのだが、女性側では、3日目の夜に、男性に餅を提供する習わしがあり、これを「三日の餅」あるいは「三日夜《みかよ》の餅《もちい》」といった。この「三日夜の餅」は、女性の家の火で調理した食べ物を男性が食べることで、女性の一族と同族化したとする、呪術的な習慣が儀式化したものとされ、女性の父親が3日目の夜に男性を親族などに披露する宴会、「露顕《ところあらわし》の儀」を行うのとセットで行われた。

『源氏物語』の「葵」の巻には、紫上と結ばれた源氏が、3日目の夜に従者の惟光《これみつ》に「三日夜の餅」を届けさせるシーンがあるのだが、餅を見た紫上の女房である少納言は、源氏が紫上を妾ではなく、正式に妻として迎えてくれたのだと、その心遣いに感涙している。これを見ても、当時「三日夜の餅」を食べることが正式な妻となることと認識されていたのがわかる。

主な年中行事一覧

1月（睦月）	
元日	四方拝（しほうはい）
元日	朝賀（ちょうが）
元日	小朝拝（こちょうはい）
元日	元日節会（がんじつのせちえ）
7日	白馬節会（あおうまのせちえ）
7日	七草（ななくさ）
11日〜13日	県召の除目（あがためしのじもく）
15日	望粥（もちがゆ）
18日	賭弓（のりゆみ）
20日または23日までの子の日	内宴（ないえん）
最初の子の日	子（ね）の日の遊び
最初の卯の日	卯杖・卯槌（うづえ・うづち）
2月（如月）	
4日	祈年祭（としごいのまつり）
15日	涅槃会（ねはんえ）
3月（弥生）	
3日	曲水宴（きょくすいのえん）
3日	上巳の祓（じょうしのはらえ）
4月（卯月）	
1日	更衣（ころもがえ）
1日	孟夏旬（もうかのしゅん）
8日	灌仏会（かんぶつえ）
中の酉の日	賀茂祭（かものまつり）
5月（皐月）	
3日	献菖蒲（けんしょうぶ）
5日	端午節会（たんごのせちえ）
5日	賀茂の競馬（かものくらべうま）
6月（水無月）	
30日	大祓（おおはらえ）
7月（文月）	
7日	乞巧奠（きこうでん）
15日	盂蘭盆会（うらぼんえ）
28・29日	相撲節会（すまいのせちえ）
8月（葉月）	
15日	石清水放生会（いわしみずほうじょうえ）
15日	観月の宴（かんげつのえん）
16日	駒牽（こまひき）
9月（長月）	
9日	重陽の節句（ちょうようのせっく）
13日	十三夜（じゅうさんや）
秋不定	司召の除目（つかさめしのじもく）
10月（神無月）	
1日	更衣（ころもがえ）
1日	孟冬旬（もうとうのしゅん）
5日	残菊宴（ざんぎくのえん）
最初の亥の日	亥の子の祝い（いのこのいわい）
11月（霜月）	
中の丑・虎・卯・辰の日	五節（ごせち）
中の卯の日	新嘗祭（にいなめまつり）
中の辰の日	豊明節会（とよのあかりのせちえ）
12月（師走）	
19日〜21日	御仏名（おぶつみょう）
年末の吉日	荷前（のさき）
30日	大祓（おおはらえ）
30日	追儺（ついな）

5章

平安時代の信仰とは

Q83

平安時代に生まれた仏教とそれまでの仏教の違いはなに？

日本に仏教が伝来したのは飛鳥時代。仏教は厩戸《うまやとの》皇子（聖徳太子）や蘇我一族によって地位を確立。さらに奈良時代に入ると、仏教はますます手厚く保護されることになる。

その理由は、飢饉や旱魃《かんばつ》などで世の中が乱れたためだ。聖武天皇は仏教にすがって各地に国分寺、国分尼寺を建立。東大寺の本尊として盧遮那仏《るしゃなぶつ》を造立するなど、仏教によって国家を安定させる「鎮護国家」を目指した。僧侶は国家鎮護のために祈るだけでなく経典を読み込んで仏教を研究する学術的な面も求められた。経典によって三論《さんろん》宗・成実《じょうじつ》宗・法《ほっ》相《そう》宗・倶舎《くしゃ》宗・華厳《けごん》宗・律《りつ》宗などに分かれ、これらの宗派は「南都六宗《なんとろくしゅう》」として奈良仏教の中心になっていく。都には各宗派の寺院が建てられ、多くの僧侶が経典を研究した。

しかしこの国家による仏教推進は僧侶の増長を招く結果にもなった。道鏡《どうきょう》という僧侶が上皇に取り入って政治に介入。朝廷で権力を握るだけでなく、皇位まで狙う前代未聞の事件を起こしたのだ。このこともあって、平城京から平安京への遷都が行われた際、平城京の寺院は京都への移転が許されず、奈良へ据え置かれることになったのである。

　こういった事情から、平安時代にはこれまでとは異なる新しい仏教が求められることになった。そこで最新の仏教を学ぶため遣唐使として唐へと渡ったのが、のちに天台《てんだい》宗を推し進める最澄《さいちょう》、そして真言《しんごん》宗の宗祖となる空海《くうかい》の二人だった。

　最澄が唐の天台山で学んだのは「一切衆生悉有仏性《いっさいしゅじょうしつうぶっしょう》」。人はみな菩薩であり、誰でも仏になれる、という法華《ほけ》経の教えだ。そして空海は、真言（マントラ）を唱えたり、加持祈禱を行ったりすることで災いを祓い、現世利益を求めた「密教」を持ち帰る。

　これら新しい仏教は人々に大きな衝撃を与えた。これまでの仏教は僧侶による経典研究が中心で、それが国家鎮護につながると考えられていた。さらに「悟れる人間と悟れない人間がいる」ことも常識だった。そのため、仏教を信奉すれば誰でも成仏できる法華経、真言で個人的な災いを遠ざけ願望を叶えるという密教は目新しい考えだったのである。

　美しい文化が魅力的な平安時代だが、実際は血みどろの権力闘争が起きていた。だからこそ、最澄と空海が広めた仏教に貴族たちは救いを見出したのだ。

　こうして平安仏教は、天台宗、真言宗という二つの宗教を主軸に、日本中に広がっていくこととなる。

Q84 最澄と空海が仲違いしたのは弟子をめぐって三角関係になったから？

平安仏教の二大巨頭ともいえるのが天台宗、そして真言宗だ。それぞれの宗派を背負う最澄と空海は、偶然にも同時期に遣唐使として入唐している。

最澄はこのとき38歳。現在の滋賀県大津市の生まれであり、渡来人の血筋だったという。19歳の頃、東大寺で受戒《じゅかい》。最澄は、人間は誰でも悟りの境地に到達できるという天台宗の「一乗思想（仏の教えは一つで法華経に説かれているとする思想）」に共鳴し、この教えを広めることに務めた。唐に発った目的も天台宗を本場で学ぶためだった。一方、空海は当時31歳。現在の香川県善通寺市出身。若い頃から各地で厳しい修行に打ち込んだとされるが、遣唐使となるまで国の許可を得ない私的な僧（私度僧《しどそう》）であり、謎の多い人物である。

最澄は天台山で天台宗の教えを学び、空海は青龍寺の恵果《けいか》のもとで当時最先端の密教を修めた。天台宗と密教、異なる宗派を学んだ二人だったが、帰国後に交流が生まれることになる。

天台宗を開いた最澄（左）と真言宗を開いた空海（右）（東京大学史料編纂所蔵／模写、東京国立博物館蔵／ColBase）

実はこのときの朝廷が求めていたのは、天台宗ではなく、病を治す加持祈祷や、呪法に詳しい密教の教えだったのである。密教の勉強が必要だと実感した最澄は、空海に書籍を借り受けて密教を学んだ。しかし二人の交流は唐突に途切れてしまった。その理由は空海のもとへ修行に出していた最澄の愛弟子のせいだった、という説がある。修行期間が終了しても愛弟子は比叡山に戻らず空海のもとに残り続けた。つまり三角関係による破綻である、というのだ。

もちろん理由はそれだけではなく、仏教観の違いや、密教を書籍だけで学ぼうとする最澄に空海が怒ったからだ、ともいわれている。

Q85 日本の仏教の主流になる最澄の教えと天台宗とは？

『法華経』をもとにした宗派の天台宗。この教えはインドの西北部で1～2世紀に成立し、中国で発展した。法華経は「諸法実相《しょほうじっそう》」と「万人成仏」を主軸とする。この世のあらゆる存在は真実の姿であり、人は誰でも悟りを開いて仏になれるというものである。

日本にも飛鳥時代には法華経が伝わり、厩戸皇子が経典を学んだという記録が残るが、中国の教えを直接学んだ第一人者は、平安時代の最澄だった。桓武天皇から開宗が認められた最澄は比叡山延暦寺を拠点とし、ここから日本の天台宗が始まった。

平安時代後期には仏教のスタンダードとなる天台宗だが、当初は苦労の連続だったようだ。貴族は現世利益の効果があるという密教に傾倒し、南都六宗も最澄の唱える「万人成仏」を批判した。そもそもこれまでの仏教では、人間にはそれぞれ悟りの素質があり悟れない人間もいる、というのが常識。万人成仏を唱える最澄は異端児として叩かれ、法相宗の徳一《とくいつ》と成仏の可否について長期間に渡る論争「三一権実論争《さんいつごんじつのろんそう》」を繰り広げることになる。

江戸時代初期に再建された比叡山延暦寺の戒壇院

　さらに最澄を悩ませたのは、僧たちの宗旨変えだった。これには、当時の仏教界の受戒システムに問題があった。国家公認の僧侶となるには東大寺で受戒する必要があるのだが、比叡山を下山したまま戻ってこなくなる僧侶が多数いたのである。そこで最澄は「大乗仏教独自の受戒、大乗戒を比叡山で行いたい」と訴えた。各界から反論が出るも最澄は曲げず、最澄が亡くなる前日にようやく大乗戒が認められた。

　天台宗はこの後、法華経の考えを基盤に、幅広く宗派を取り込み続けた。鎌倉仏教である浄土宗や臨済《りんざい》宗の宗祖は皆、比叡山で学ぶなど、天台宗はまさに日本の宗教の母体となったのだ。

Q86 空海が唐でマスターした秘密の教え「密教」とは？

空海が宗祖となって開かれた真言宗はそれまでの仏教とは一線を画する教えだった。真言宗の教えとは、インド仏教の中でも後期に発展した秘密仏教「密教」と呼ばれるものだ。最澄が開いた天台宗をはじめ、これまでの仏教は「顕教《けんきょう》」という。最澄は「密教と顕教に大きな差はない」と唱えたが、空海はそれに反論する。これまでの仏教は釈迦が人に説いた教えであり、目に見える教えである。しかし密教は仏となった大日如来の教えで、それを手に入れることのできる密教こそ真の仏教だと空海は訴えた。

真言宗の目指すところは修行によって悟りを開き、本尊である大日如来と一体化する即身成仏だ。印を結ぶ身密《しんみつ》、言葉で真言を唱える口密《くみつ》、心の中で大日如来を念じる意密《いみつ》。この三密の修行を行えば、仏の真理に近づくことができると空海はいう。また大日如来や仏の姿を描いた曼荼羅《まんだら》を用いて儀礼や儀式を行うのも真言宗の特徴だ。

この密教は、平安時代の貴族に歓迎された。平安時代は病や怨霊に悩まされており、病

金剛峯寺の根本大堂（右）と金堂（左）

気治療、怨霊を追い払うという密教の呪術は平安貴族にとってもニーズにあっていたのである。

空海はのちに「開かれた場所は修業の場にふさわしくないため高野山に理想の道場を建立したい」と朝廷に申し出て、高野山に寺を建立する。これは金剛峯寺《こんごうぶじ》と呼ばれ、今でも真言宗の本山として知られている。

また朝廷は空海に国家鎮護を祈る場として京都の東寺（教王護国寺《きょうおうごこくじ》）の管理をまかせた。金剛峯寺は僧たちが悟りを開くための修行の地として、そして東寺は国家鎮護としての寺として。朝廷に受け入れられた真言宗は、それぞれの場所で発展を続けることになる。

Q 87

全国に広がる**稲荷信仰**は**空海と密教**が広めた？

京都の伏見稲荷大社を総本山とする稲荷神社。全国に祀られた稲荷社の総数は数万ともいわれる、指折りの社数を誇る神様だ。この稲荷神、もとは奈良時代に渡来人の秦《はた》一族の氏神だった。そんな稲荷信仰を全国規模に根付かせたのは空海だったといわれている。

空海と稲荷神にまつわる話が残っている。あるとき、稲を背負った老人（稲荷の神）を空海がもてなし、空海の寺である東寺の守護神になるよう依頼。さらに伏見の山に稲荷神を鎮座させた。それが今の伏見稲荷大社だ、というのだ。これはあくまでも伝説だが、実際に空海は稲荷社を寺院に勧請し、密教の仏である荼枳尼天《だきにてん》を稲荷神と習合させるなど稲荷神との協同作戦をとった。密教の布教に稲荷神を利用したためだ、といわれている。

空海の狙い通り寺院の鎮守神として稲荷神は全国に広まり、密教も伏見社とともに発展を遂げた。今でも伏見稲荷大社の例祭、還幸祭《かんこうさい》では伏見稲荷大社から出たお神輿が東寺に立ち寄って、僧侶から読経を受ける。稲荷と空海は今でも深く結びついているのだ。

Q88 なぜ高野山や比叡山は女人禁制になったのか？

平安仏教の中心地である高野山や比叡山はかつて、女人禁制の掟を敷いていた。そのため女性の参拝を認める室生寺《むろうじ》は「女人高野」と呼ばれ、尼僧の心の支えとなったという。

女人高野や女人禁制という言葉が生まれたのは鎌倉・室町時代以降とされるが、昔から仏教施設は女性の参拝が禁止されていた。特に高野山は空海の母親でさえ立ち入ることができなかった、という伝承が残っている。その理由は仏教徒の厳しい戒律のためだ。仏教徒は、盗む、嘘をつく、飲酒、殺生、女性との性交渉（女犯）、この五つを五戒として禁止していた。女犯を防ぐために、もっとも効果的なのは寺院に女性を近づけないことだ。

さらに高野山や比叡山は古くから霊山として崇められていた。女神である山の神は嫉妬深いので、女性の入山を嫌う。そのことがのちの「女人禁制」のもとになっているのではないか、という説もある。しかし明治以降、国際化のために女人禁制を廃止する動きとなり、徐々に禁制が解かれた。今では女人禁制の遺構が残るばかりである。

Q89 神は仏が姿を変えたものとする本地垂迹説はなぜ生まれたのか？

古来、日本には八百万《やおよろず》の神への信仰があった。そのため仏教伝来直後の飛鳥時代には、神と仏をめぐって豪族同士が争う事件もあったが、奈良時代以降は神社の中に神宮寺という寺院がつくられるなど、神仏がゆるく混じりあう神仏習合が始まる。

さらに平安時代の頃には「本地垂迹説《ほんじすいじゃくせつ》」という考えが広がっていく。仏や菩薩が人々を救うために仮の姿で地上に現れる、という考えだ。これを受けて日本では「日本の神々は天竺《てんじく》の仏が姿を変えたものだ」という考えにまで発展した。例えば日本の太陽神でもある天照大神は大日如来が垂迹したもの、熊野三所権現の神は薬師如来、阿弥陀如来、千手観音が本来の姿であるとされた。また最澄や空海が「誰でも成仏できる」と説いたことで庶民にも仏教が広がった。神道が根深く残る地方にまで仏教を広めるため、こういった考えが持たれるようになった、という説もある。この「神と仏は同一」という考えは明治政府が神仏分離を行うまで続き、今でも日本人の宗教観の根底となっている。

Q 90

平安時代末期の人々が信じた末法思想とは何か？

平安時代中期から末期にかけて、末法思想《まっぽうしそう》という考えが流行した。釈迦が入滅《にゅうめつ》（没）して500～1000年までは「正法《しょうぼう》の時代」と呼ばれ、釈迦の教えが守られ、悟ることのできる時代。しかしその後に、釈迦の教えを学んでも悟れない「像法《ぞうぼう》の時代」となる。さらに1000年経つと修行者が消えて釈迦の教えも廃れる「末法の時代」がやってくるという。これが末法思想だ。平安時代の末期にあたる永承7年（1052）が末法の年といわれており、その年以降は苦しい世界が訪れるという考えが世の中に蔓延《まんえん》したのだ。

その訪れを告げるように、この時代は戦乱、病、飢饉などで世の中が乱れていた。明日食べるものにも困り貧困や病気にあえぐ庶民は、せめて死んだあとは極楽へ行きたいと願い、贅沢三昧をしている貴族でさえも、死後も今の幸せが続く極楽浄土へ行けることを願った。この末法思想の恐怖は「阿弥陀如来を信仰すれば死後、極楽浄土へ行ける」という浄土教の流行につながっていくのだった。

Q91 浄土教が広まった要因はダンスによる布教のおかげ？

平安時代末期に末法思想が広まると、世の中に暗い雰囲気が漂い始めた。一方で僧侶たちは権力をかさにきて、僧兵となって朝廷を脅すなど横暴を極めていた。かつて奈良時代、権力を持った僧侶たちが政治に口を出して私財を肥やしたが、それと同じことが平安時代にも起こり始めていたのだ。とはいえ、すべての僧侶が堕落していたわけではない。身分を捨てて仏法を説きながら、全国を行脚《あんぎゃ》する僧侶も存在した。

そんな僧侶の中でも有名な一人が、「一度も南無阿弥陀仏という人の蓮の上にのぼらぬはなし」という歌を詠んだ空也《くうや》上人だ。彼は南無阿弥陀仏という経を唱えることで救われるという浄土信仰の教えを説いた先駆者の一人。口から小さな阿弥陀仏が飛び出した「空也上人立像」でも知られる僧侶である。

彼は市井の人々に対して仏法を説いて回っただけでなく、野ざらしとなっている遺体を供養するなどの功徳を積み、人々から「市聖《いちのひじり》」と呼ばれ尊敬の念を集めた。

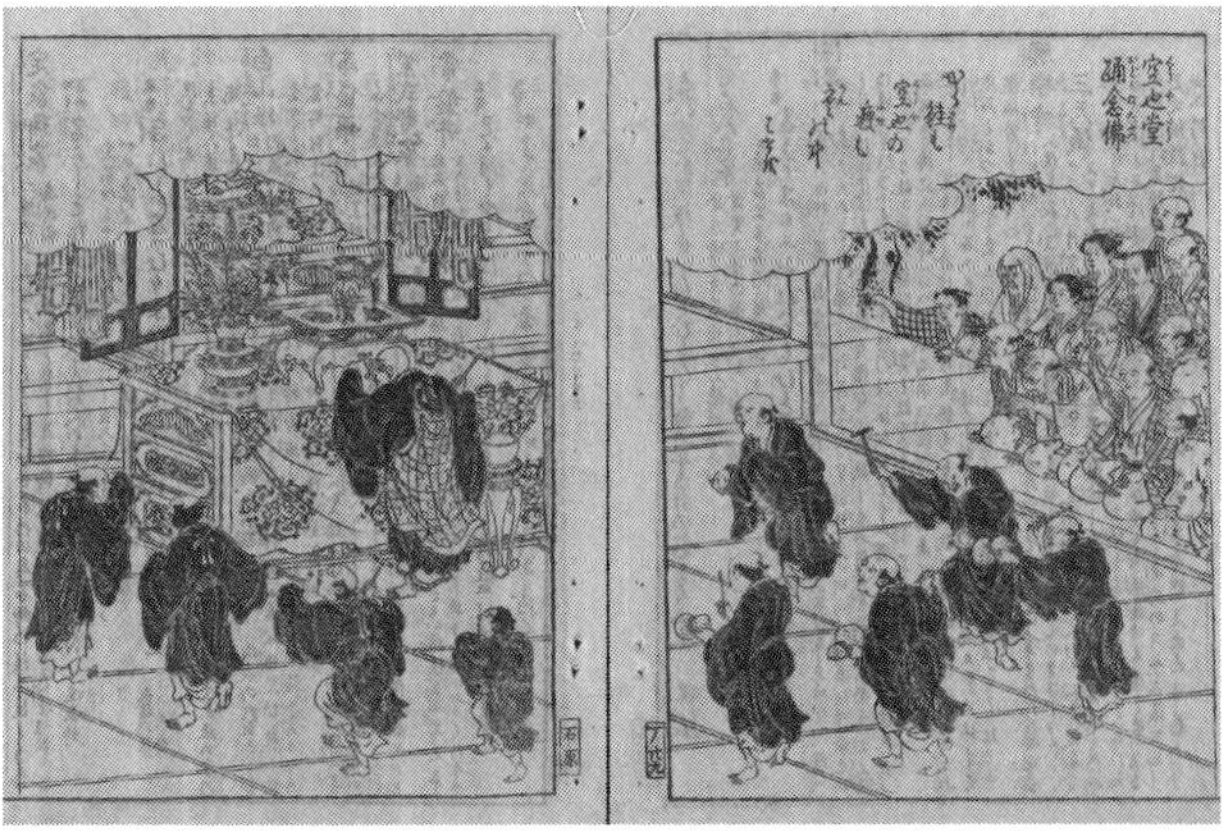

『拾遺都名所図会』に描かれた空也堂での踊り念仏（国立国会図書館蔵）

彼は人々に仏法を説くとき、鉦《かね》を打ち鳴らし踊りながら経を唱えたといわれている。平安時代の庶民は貴族と違って識字率が低い。そのため経典を見て経を唱えたり内容を理解したりすることは難しいが、「南無阿弥陀仏」と唱えながら踊る仏法は庶民にも受け入れられた。こうして浄土教は踊り念仏を通じて、民衆の間にまで広まることになったのである。この空也上人の影響は次の時代にまで続いた。鎌倉時代には時《じ》宗の一遍《いっぺん》上人が踊りながら南無阿弥陀仏を唱える「踊り念仏」で全国を遊行。この踊り念仏は民衆を熱狂させ、権力者からの批判や、危険視をされるほど流行したという。

なお、この「踊り念仏」は夏祭りでもおなじみの、盆踊りの起源であるともいわれている。

Q92 終活本を書いた源信が地獄のイメージを具体化した？

平安時代の人々は、現代人よりも怨霊や呪いの類を真剣に信じており、地獄へ堕ちることをひどく恐れていた。そんな平安時代末期、比叡山延暦寺の僧侶・源信《げんしん》が『往生要集《おうじょうようしゅう》』という本を書き上げる。これは、「どうすれば死後に極楽往生できるか」という終活マニュアル本のようなものだ。世界は「天、人間、修羅、畜生、餓鬼、地獄」という六つに分かれており、我々が暮らすのは「人間道」。死んだあと人間は生前の行いによって閻魔大王に裁かれ、行き先が決められる。その一つが地獄道だ。

全3巻、10章からなる『往生要集』は、まず恐ろしい地獄道の説明から始まる。地獄では鬼たちが死者を待ち受けており、生前に殺生や盗みを行った人間は「等活《とうかつ》地獄」や「黒《こく》縄《じょう》地獄」へ堕ちる。この地獄では、鬼たちに体を切り刻まれるとされた。また、生前に淫らな行いをした人間は「衆合《しゅごう》地獄」に堕ちて、ひき肉のように体をすり潰されるという。さらにこれは一回だけではない。死んでも生き返り、何百年にも渡って鬼たちに責められ

炎に包まれた黒い石が罪人を焼く様子や、血の川で溺れる罪人などが描かれた『地獄草紙』（東京国立博物館蔵／ColBase）

るという。

とはいえ源信は人々を怯えさせるためにこの本を描いたのではない。源信の目的は地獄に堕ちないように、生前に悪いことをしてはならない、と説くためだった。

彼の描いた詳細な地獄の表現は、当時の人々に衝撃を与えただけでなく、後々の時代まで影響を及ぼし続けた。江戸幕府を開く徳川家康は、『往生要集』の冒頭とタイトルから取った「厭離穢土《おんりえど》」「欣求浄土《ごんぐじょうど》」という言葉を自分の旗に刻んで戒めとし、また全国の絵師は『往生要集』に刺激されて地獄の絵を描いた。こうして地獄と極楽のイメージはこの本によって固められ、今の時代にまで受け継がれることになる。

Q 93

イメージが先行する陰陽道 どんな仕事をしていたのか？

陰陽道《おんようどう》は、602年に百済の僧・観勒《かんろく》が我が国に伝えたという。『日本書紀』によると、観勒は遁甲方術《とんこうほうじゅつ》（神仙の術や占星術）、暦本《れきほん》（暦に関する書物）、天文地理書を伝え、我が国の選ばれた学生《がくしょう》がこれを学んだのである。

陰陽道とは、中国古代の陰陽五行説に基づいた方術である。陰陽五行説は五行の木《もく》・火《か》は陽、金《ごん》・水は陰、土《ど》はその中間とし、これに日月、十干十二支を組合せ、人間界の吉凶や天地の変異などを説明する。しかし、陰陽五行思想は仏教や道教の影響で俗信となっていたことに注意すべきだろう。

大宝《たいほう》元年（701）に制定された「大宝令」には、陰陽寮の規定がある。陰陽寮には、陰陽博士、暦博士、天文博士、漏刻《ろうこく》博士（時刻を知らせる官吏）などの専門家が配置された。彼らの主たる職務は、天体や気象の観測、暦の作成だった。平安時代中期になると、賀《か》茂《も》、安倍《あべ》の両氏が陰陽寮の要職を担い、やがて世襲化していった。のちになると、賀茂氏

陰陽寮の組織図

中務省

陰陽寮（長官は陰陽頭）

漏刻博士（1名）	天文博士（1名）	暦博士（1名）	陰陽師（6名）	陰陽博士（1名）
水時計を使い時刻を計測。鐘を鳴らして時刻を知らせる守辰丁が20名	天体観測や気象観測を行う。これを習う天文生が10名	暦の作成を行う。これを習う暦生が10名	国家的な災異や土地の善し悪しを占う	陰陽生10名の教育指導を行う

の子孫は幸徳井《こうとくい》、安倍氏の子孫は土御門《つちみかど》を姓とした。その中でも土御門家は、中世、近世を通して勢力を持つようになったのである。

陰陽寮の中でもっとも重要な仕事は、先に触れた暦の作成だった。当時の人々は迷信を信じていたので、方角や日取りに注意を払っていた。それゆえ暦には、悪い方角や悪日《あくにち》が細かく記されており、人々は外出する際の参考にしていたのである。

現在でも、結婚式や葬式を執り行う際に日取りを重視するのは、陰陽道の影響である。また、陰陽師は災いを取り除き、福を招くために祭りやお祓いを執り行った。こうして陰陽道は民衆に浸透したが、迷信的な色彩が濃くなっていったのも事実である。

Q94 安倍晴明の活躍のほとんどは後世の脚色だったのか？

安倍晴明《はるあき》は映画『陰陽師』の主役になったので、もっとも有名な陰陽師といえるだろう。延喜《えんぎ》21年（921）、晴明は益材《ますき》の子として誕生した。のちに、賀茂忠行《ただゆき》・保憲《やすのり》父子から陰陽道を学び、徐々に頭角をあらわすようになった。晴明の占いの才能は高く評価され、村上天皇、花山《かざん》天皇、一条天皇、藤原道長らの信頼を一身に集めた。例えば、一条天皇が病に伏せたとき、晴明が禊《みそぎ》を執り行ったところ、たちまち病が癒えたという。旱魃《かんばつ》の際、晴明が雨乞いの五龍祭《ごりゅうさい》を行うと、直後に雨が降ってきたほどだ。

晴明の活躍ぶりは、当時の公家日記に記録されたものもあるが、そうでない逸話も多い。晴明が亡くなった約100年後（12世紀前半）、『大鏡《おおかがみ》』や『今昔《こんじゃく》物語集』などの説話文学が完成し、晴明の活躍が紹介された。鎌倉時代に成立した『古事談』『宇治拾遺《うじしゅうい》物語』『十訓抄《じっきんしょう》』にも、晴明の驚異的な能力が描かれた。晴明の死後、ライバルの賀茂氏が台頭し、安倍氏はあまり振るわなくなった。それゆえ、安倍氏は先祖である晴明の活躍ぶりを広く喧伝することで、賀茂氏との立場を逆転しようとしたといわれている。

晴明のライバルだった蘆屋道満《あしやどうまん》（道摩《どうま》法師とも）は、架空の陰陽師ともいわれている。『宇治拾遺物語』によると、道満は藤原顕光《あきみつ》の命を受け、藤原道長（顕光の従弟）に呪いを掛けた。しかし、道満の妖術は晴明と道長の犬に見破られたという。この事件により、道満は播磨に流されたのである。

江戸時代の『北斎漫画』に描かれた安倍晴明と蘆屋道満（国立国会図書館蔵）

道満は常に悪役で、晴明は道満の悪事を打ち破った。晴明の引き立て役だったといえるかもしれない。道満の逸話は説話文学だけでなく、『峯相《みねあい》記《き》』のような地誌、そして浄瑠璃や歌舞伎でも取り上げられ、広く知られるようになったのである。

Q95

安倍晴明のライバル 賀茂忠行と保憲父子とは？

安倍晴明のライバルといえば、賀茂忠行・保憲父子である。Q94で触れたとおり、晴明は忠行・保憲父子から教えを受けていた。

忠行は生没年不詳。陰陽道に優れていたので、歴代の天皇から大きな信頼を得ていた。『今昔物語集』によると、忠行は醍醐天皇の命により、「射覆《せきふ》」という技を披露したという。「射覆」とは、箱の中身を占いで当てる技のことである。忠行は八角形の箱を出されると、中身を確かめるため即座に占った。その結果、箱の中には、朱の紐で括られた水晶の数珠があることを見事に当てたのである。醍醐天皇は忠行に対して、天下に並ぶ者がいないと大絶賛したと伝わっている。

寛平《かんぴょう》6年（894）に遣唐使が廃止され、唐から陰陽道に関する最新の情報が伝わらなくなった。それまで陰陽寮の天文道・暦道・陰陽道の三部門は、それぞれの専門家が担当していたが、忠行は三部門すべてを自らが統括することになった。こうして賀茂家は、陰

10歳ほどだった賀茂保憲はある日、父の忠行の祓についていった。その祓の最中、保憲は供物を食べて帰っていく鬼神たちの姿が見えたという（国文学研究資料館蔵）

陽寮において他家を凌ぐ強い存在感を示したのである。

忠行の子・保憲には、有名なエピソードがある。保憲が忠行のお祓いに同行した際、供物に無数の鬼を見たので、父に報告した。忠行は保憲が陰陽道の修業を積まずとも鬼が見えたことに驚き、以後、陰陽道を教授することにしたという。

それゆえか、保憲は天延《てんえん》2年（974）に従四位上という驚異的な昇進を遂げた。これは、父の忠行よりも高い位階だった。また、保憲は天文道を弟子の晴明に、暦道を子の光栄に継がせたが、のちにどちらが保憲から気に入られていたか、論争になったと伝わる。

Q 96

恨みをもって死んだ人物でも**怨霊になる**には**条件**があった?

古来、我が国では人が亡くなっても、肉体から魂が霊として離脱すると考えられていた。やがて、霊は人々に天災や疫病などの災いをもたらすとされ、恐れられるようになった。特に、戦いに敗れた者や政争により政治的に失脚した者が恨みを抱いたまま亡くなると、人々はその魂が怨霊になると畏怖したのである。

人々は怨霊のもたらす災いを恐れ、怨霊を霊魂の敬称である御霊《ごりょう》とすることで祟りから逃れ、日常生活の平安を取り返そうとした。このように、怨霊を御霊として鎮魂することは、御霊信仰と称されるようになったのである。

宮中では、御霊を鎮めるため御霊会《ごりょうえ》という行事を催した。貞観《じょうがん》5年(863)5月20日、神泉苑《しんせんえん》(京都市中京区)で執り行われた御霊会が記録のうえで最初のものである(『日本三代実録』)。このときは、非業の死を遂げた6人の人物が祀られたという。また、霊を鎮魂するために、復位(もとの位に戻すこと)、あるいは官位の授与、諡号《しごう》(貴人の死後に送る

怨霊となり雷を落とす菅原道真（メトリポリタン美術館蔵）

名前）の贈呈《ぞうてい》などが行われた。

昌泰《しょうたい》4年（９０１）、菅原道真は藤原時平《ときひら》の策略で失脚し、2年後に異郷の大宰府《だざいふ》（福岡県太宰府市）で無念の思いを抱きつつ亡くなった。道真の死後、その時平が39歳の若さで病死するなどしたので、人々は道真の祟りではないかと噂した。

さらに延長《えんちょう》8年（９３０）、清涼殿《せいりょうでん》に雷が落ちると、多くの死傷者が出た。やがて、醍醐天皇の具合も悪くなり、しばらくして崩御したので、道真の怨霊が原因だとされた。

こうして天暦《てんりゃく》元年（９４７）、道真は北野天満宮で神として祀られるようになった。その後、道真は正一位左大臣、次いで太政大臣を贈位されたのである。

Q97

鬼が虎柄のふんどしを締めるのは陰陽道と関係する?

鬼とは、「隠（おん）」が語源であり、そもそも隠れていて人には見えないものとされてきた。中国における鬼は、精霊崇拝の対象だった。死後も人間の霊魂は存在し続け、人間に再び生まれ変わるが、子孫に祀られない無縁の霊魂は遊鬼《ゆうき》となり、多くの災いを引き起こすと恐れられてきた。そこで、人々は霊魂を宥《なだ》める祭儀を催したのである。

古代における日本の鬼は、中国とは異なり、人を食らう怪物のことである。鬼は2本の角と鋭い牙を持ち、口は横に大きく裂けていた。上半身は裸で虎の皮のふんどしを締め、突起の付いた大きな金棒を手に持ち、性格は凶暴だったという。鬼の姿には、根拠があった。陰陽道の考え方では、丑寅《うしとら》の方向には鬼門があり、そこには鬼が集まるとされていた。それゆえ、鬼は虎のふんどしを締めていたのである。一方で、鬼による人への被害は、仏道修行、経典、陰陽道などによって克服できるとされてきた。

そもそもわが国における鬼は、『古事記』に登場する黄泉醜女《よもつしこめ》が最初で、黄泉の国にいる

虎柄の腰巻きをしている鬼に組みつく渡辺綱。室町時代に描かれた『綱絵巻』より（東京国立博物館蔵／ColBase）

鬼女のことである。鬼で有名なのは、酒呑童子《しゅてんどうじ》の話であろう。源頼光《よりみつ》は「頼光《らいこう》四天王」として知られる坂田公時《さかたのきんとき》・渡辺綱《つな》・卜部季武《うらべのすえたけ》・碓井《うすい》貞《さだ》光《みつ》を引き連れ、大江山《おおえやま》（京都府福知山市など）に向かった。大江山では酒呑童子が人々に危害を加えたので、村人は大いに困っていたからである。

　頼光らは神仏の助けを借りながら、見事に酒呑童子を退治した。この話は、室町時代頃に成立した『御伽草子』に書かれたもので、もちろん史実ではない。

　このほかにも、渡辺綱が茨木《いばらき》童子（羅城門に住んでいたといわれる伝説上の鬼）と戦った話や、戸隠山《とがくしやま》や鈴鹿山《すずかやま》に山賊的な鬼がいた話などが残されている。

Q98

平安時代の葬儀の決まり 貴族と庶民では埋葬方法が違う？

現在、死体の放置は法律で禁止されているが、平安時代はごく当たり前だった。葬儀が執り行われるのは、貴族などに限られていたのである。

平安時代において、貧しい階層の人が亡くなった場合は、火葬や土葬にされることなく、路上に放置されるのが普通だった。江戸時代以降、村で人が亡くなると、村人は協力して労働力を提供し、たとえ貧しい家でも葬式を行うことができた。しかし平安時代の段階では、そのような葬式互助組織は存在しなかったのである。

『拾遺往生伝《しゅういおうじょうでん》』には、京都市中に住む下道重武《しもつみちのしげたけ》という男が病気になり、ついに死を向かえようとしていた際の記述がある。

死が迫った重武は、衣服を妻子に授けると、自分はぼろを着て河原に蓆《むしろ》を敷き、西を向いて座ると弥陀の名号《めいごう》を唱えた。そして、そのままの状態で、重武は臨終を迎えたのである。家族には葬式を出すだけのゆとりがないので、重武は自ら死に場所を求めて、死を迎

『餓鬼草紙』に描かれた平安時代後期から鎌倉時代初期の埋葬風景。盛土、石積、木棺の中、筵の上、野ざらしなど身分によって違う様子がうかがえる（東京国立博物館蔵／ColBase）

えたのである。死体の処理については書かれていないが、おそらくそのまま放置されたと考えられている。

一方で、貴族らは入念な準備の下で葬儀が執り行われた。死体はきれいに湯で洗われると、棺に入れられた。同時に、山作所《やまつくりどころ》という火葬施設を準備する。棺を積んだ車が出発すると、人々は整列して見送った。そして、山作所で火葬されたのである。

葬送に至る途中の経緯は省略したが、さまざまな儀式が執り行われたので、費用が掛かるのは当然だった。火葬だけではなく、土葬することもあった。土葬の際は、遺骸を掘った穴に埋葬していた。身分の高い人の遺骸は、棺に納めてから地中に埋めたのである。

Q99 船に乗って浄土を目指す補陀落渡海とは？

補陀落渡海《ふだらくとかい》の意味は、船で渡海し、南の海の彼方にあるという補陀落浄土を目指す捨身行《しゃしんのぎょう》のことである。補陀落とはインドの南海岸にある観世音菩薩が降臨する霊場のことで、そこに観音信仰が結び付き、補陀落渡海が行われるようになったという。観音信仰では、人々が観音菩薩のいる補陀落山で往生することを願ったとされる。補陀落山では救いの手が差し伸べられ、すべての人々の願いが聞き届けられたのである。

補陀落渡海は平安時代から江戸時代中期頃まで行われ、これまで全国で56例が報告されている。うち和歌山県南部の熊野那智《なち》から渡海した例は、28例あるといわれている。そのほかの場所は、茨城県の那珂湊《なかみなと》、高知県の足摺《あしずり》岬、室戸《むろと》岬などである。貞観10年（８６８）、慶龍《けいりゅう》上人が熊野那智から補陀落渡海を行ったのが初見である。以降、全国から補陀落渡海を希望する僧侶が熊野那智にやって来た。

補陀落渡海の際は、小さな船を準備し、外に出られないように釘を打って扉をふさいだ。

補陀洛山寺にある復元された補陀落船。屋形の前後左右を鳥居が囲んでいる。死者はこの四つの鳥居をくぐって極楽浄土へ旅立つという

小さな船には、30日分の食糧を積んだだけだった。小船に乗った僧侶は、綱切島《つなきりじま》の近くまで伴走船に曳航《えいこう》された。伴走船の綱が切られると、僧侶は呪文を唱えながら、補陀落浄土を目指したのである。

渡海が行われたのは、北風が吹く旧暦の11月頃だった。補陀落渡海に成功したのか否かは、むろん誰にも分らない。

熊野那智で補陀落渡海を行う場合は、補陀洛山寺（和歌山県那智勝浦町）の住職に申し出る必要があった。同寺の住職は60歳になると、補陀落渡海を行ったという。

なお、熊野那智大社（同）が所蔵する「那智参詣曼荼羅《まんだら》」には、補陀落渡海の様子が描かれている。

主な参考文献

『藤原氏千年』朧谷寿著（講談社現代新書）、『死者たちの中世』勝田至著（吉川弘文館）、『殴り合う貴族たち』繁田信一著（文藝春秋ライブラリー）、『知るほど不思議な平安時代 上・下』繁田信一著（教育評論社）、『地図でスッと頭に入る平安時代』繁田信一監修（旺文社）、『紫式部ひとり語り』山本淳子著（角川文庫）、『平安人の心で「源氏物語」を読む』山本淳子著（朝日新聞出版）、『人物で学ぶ日本古代史 3 平安時代編』新古代史の会編（吉川弘文館）、『誰も書かなかった 清少納言と平安貴族の謎』川村裕子監修（中経の文庫）、『いま学ぶ アイヌ民族の歴史』加藤博文・若園雄志郎編（山川出版社）、『見るだけで楽しめる! まじないの文化史 日本の呪術を読み解く』（新潟県立歴史博物館）、『人をあるく 桓武天皇と平安京』井上満郎著（吉川弘文館）、『人をあるく 紫式部と平安の都』倉本一宏著（吉川弘文館）、『藤原氏―権力中枢の一族』倉本一宏著（中公新書）、『黒幕の日本史』本郷和人著（文春新書）、『神様に秘められた日本史の謎』古川順弘著（洋泉社）、『摂関家の中世』樋口健太郎著（吉川弘文館）、『大学でまなぶ日本の歴史』木村茂光ほか編（吉川弘文館）、『地図でみるアイヌの歴史―縄文から現代までの1万年史』平山裕人著（明石書籍）、『すぐわかる日本の宗教 縄文～現代まで』山折哲雄監修（東京美術）、『日本史の論点―論述力を鍛えるトピック60』塚原哲也ほか著（駿台文庫）、『日本仏教史』末木文美士著（新潮文庫）、『シリーズ日本古代史⑤ 平安京遷都』川尻秋生著（岩波新書）、『流れをつかむ日本史』山本博文著（角川新書）、『奈良時代 律令国家の黄金期と熾烈な権力闘争』木本好信著（中公新書）、『平安貴族の仕事と昇進 どこまで出世できるのか』井上幸治著（吉川弘文館）、『詳説 日本仏教13宗派がわかる本』正木晃著（講談社）、『オールカラーでわかりやすい！ 日本史』西東社編集部編（西東社）、『平安貴族の世界』（上・下）村井康彦著（徳間文庫）、『源氏物語六条院の生活』風俗博物館編（青幻舎）、『平安京 解体新書』川合章子・中嶋もなか著（コーエー出版部）、『日本古典文学大系19　枕草子・紫式部日記』（岩波書店）、『源氏物語』（岩波文庫）、『新編日本文学古典全集34 大鏡』（小学館）、『紫式部日記全注釈』萩谷朴著（角川書店）、『原文＆現代語訳シリーズ 紫式部日記』小谷野純一著（笠間書院）、『紫式部日記の世界へ』小谷野純一著（新典社）

イースト新書Q

Q092

平安時代《へいあんじだい》と藤原氏一族《ふじわらしいちぞく》の謎《なぞ》99

渡邊《わたなべ》 大門《だいもん》 監修・執筆
かみゆ歴史編集部《れきしへんしゅうぶ》 編

2023年9月20日　初版第1刷発行

執筆協力　柴田まさみ／松本壮平／川合章子／野中直美
校正　飯山恵美

発行人　永田和泉
発行所　株式会社イースト・プレス
東京都千代田区神田神保町2-4-7
久月神田ビル　〒101-0051
tel.03-5213-4700　fax.03-5213-4701
https://www.eastpress.co.jp/

ブックデザイン　福田和雄（FUKUDA DESIGN）
印刷所　中央精版印刷株式会社

ISBN978-4-7816-8092-7